뿌리를
찾아
캐내라

신명기에 근거한 실제 치유의 역사

뿌리를
찾아
캐내라

김석재 지음

교회성장연구소

절망을 소망으로
슬픔을 기쁨으로
저주를 축복으로
죽음을 생명으로 바꾸라!

도둑이 오는 것은 도둑질하고 죽이고 멸망시키려는 것뿐이요 내가 온 것은
양으로 생명을 얻게 하고 더 풍성히 얻게 하려는 것이라 (요 10:10)

누군가를 저주하는 소리를 들어보았는가?

"이놈아, 나가 뒈져라!"

"저런 놈을 낳고 아들이라고 미역국을 먹었네!"

"에라, 염병을 앓다 죽을 놈아!"

"창자가 터져 죽을 놈!"

"네가 잘되는가 어디 두고 보자!"

"차라리 나를 낳지 말지 왜 날 낳았어요!"

"이렇게 살 바에는 차라리 다 죽고 말자!"

이와 같은 험악한 욕설들은 내가 어린 시절 등교 때마다 들었던 소리

다. 아침 일찍부터 길갓집 담장 너머로 들리던 부모와 자식 간에 저주를 퍼붓는 소리…. 우리의 어려웠던 시절을 보여주는 가슴 아픈 장면이다.

수십 년 전만 해도 의식주조차 제대로 해결하기 어려웠고, 가족 간에 저주 섞인 욕을 하는 것이 꽤 흔한 모습이었다. 하지만 '평범한' 일상 속에서 습관적으로 내뱉었던 부정적인 언어가 저주의 사슬을 엮어 나갔을 거라곤 누구도 생각하지 못했을 것이다.

가족 구성원의 정신에 자리 잡은 '저주의 한(恨)'의 영향 아래에서 3, 4세대가 흘러간 지금, 우리는 스스로 만들어 놓았던 저주의 사슬에 단단히 매여 있다. 그뿐만 아니라, 이 저주의 사슬에 각종 우상과 미신을 섬겼던 조상의 관습이 더해져 희귀병과 불치병이라는 결과가 나타나고야 말았다. 나는 수많은 가정이 저주의 산물인 희귀병과 불치병에 고통받고 있음을 목도했다. 그들은 뾰족한 대책이 없어 눈물을 흘리고 고통 가운데 발을 구르고 있었다.

나는 목회를 하며 많은 환자를 접하였고, 자연스럽게 저주의 사슬에 묶여 육체적, 정신적 문제 속에서 허덕이는 이들에게 관심을 갖게 되었다. '의학적인 치료가 어려워 늘 죽음을 생각하고, 잠 못 이루는 수많은 사람의 인생에 어떻게 하면 도움을 줄 수 있을까?' 하는 생각으로 머릿속이 가득했다. 그리고 그들을 위해 기도해야겠다는 마음을 품었을 때, 나에게 있어 수수께끼와도 같았던 인생의 의문들이 풀리기 시작했다.

먼저 나의 인생을 돌아보며, 의문해결의 실마리를 찾을 수 있었다. 내가 태어난 해 병으로 돌아가신 줄로만 알았던 외할아버지의 사인(死因)이 자살임을 오랜 시간이 지난 뒤 알게 되었다. 이후 2005년과 2007년, 나의 외사촌 여동생이 각각 아파트에서 뛰어내려 자살했다는 소식을 들었다. 이렇게 친척들의 자살과 나의 인생을 연관 지어 들여다보면서 많은 생각을 했다. 친척들의 비극적인 죽음과 나의 연속된 진학 실패와 사업 실패는 풀리지 않는 인생, 풀어질 수가 없는 인생이라고 체념하게 했다.

그러나 반전이 찾아왔다. 내 나이 40세가 넘은 후부터 현재까지, 23년 넘게 이어져온 이민 생활 속에서 내 삶에 임했던 모든 것이 하나님의 은혜였음을 깨닫게 된 것이다. 그때부터 인생에서 풀리지 않던 숙제가 저절로 풀리기 시작했다.

그저 어려운 과제 같았던 내 인생이 성경에서 말하는 저주로 묶여 있었음을 알게 되었다. 또한 저주의 사슬은 나는 물론 자녀에게까지 미치는 어둠이자 절망이었으며, 슬픔이자 죽음이었다. 특히 저주는 누구도 풀어줄 수 없었다. 하지만 모든 방면에서 풀리지 않던 내 인생이 하나님을 만나자 바뀌기 시작했다. 성령의 권능을 입자, 순식간에 하나님의 은혜로 모든 것이 풀어지는 것을 경험하기 시작했다. 나의 인생과 가정을 지배해온 절망이 소망으로, 슬픔이 기쁨으로, 저주가 축복으로, 죽음이 영원한 생명으로 바뀌기 시작했다. 하나님이 나의 인생에 새로운 문을 열어주신 것이다. 누구도 상상할 수 없는 일이었다. 전적인 은혜였다. 어떤 일을 해도 문제가 생기고, 장래 일에 대한 소망조차 잃어버려 낙심과 절망 속에 살아가는 인생이었다. 그런 내가 하나님을 만나자 그분만으로도 인생을 살아가는 데 충분함을 깨닫게 되었다. 그리고 깨달음을 영혼들에게 증거하기 시작했다. 그때부터 주님을 증거하는 삶으로 변모했다.

나는 주님을 만나 인생 역전을 경험했다. 내 인생에서 최고의 복은 눈에 보이지 않는 영적인 세계를 깨닫게 된 것이다. 예수님을 믿고 성령님을 만나자, 내가 풀 수도 없고 누구도 풀어 줄 수 없는 문제들이 생각하지 못한 방법으로 해결되었다. 그때부터 문제가 생기면 일단 기도했다. 간절히 하나님을 찾으면 그토록 풀리지 않던 인생이 빛의 속도로 자연스럽게 풀린다는 것을 알게 되었다. 이것이 하나님의 은혜가 아니고 무엇이겠는가? 나를 오랜 시간 묶고 괴롭혀 온 일이 불순종의 결과임을 알면서 나의 인생은 변화의 길에 들어서기 시작했다. 전적인 은혜로 새사람을 입으니 나 자신도 책임질 수 없던 내 인생에서 남을 위해 사는 인생이 되었다. 내가 하나님의 은혜를 깨닫고 그 은혜를 의지하면 할수록 더 큰 은혜가 임한다. 큰 은혜를 받다 보면 나만 누리지 않고, 다른 이들에게 은혜를 전하는 능력도 얻게 된다. 그리고 인간의 능력이나 의술로 풀 수 없는 저주의 존재가 있음을 분명히 깨달아 알았다.

무엇보다 구약의 말씀을 통해 하나님께서 저주로 선포하신 질병들이 있다는 사실을 알았다. 이 질병들은 하나님께로 돌아서서 예수님의 이름으로 저주의 사슬을 끊기만 하면 깨끗이 치료된다는 사실도 경험했다. 하나님께서는 나에게 현대의학으로 풀 수 없는 각종 희귀 불치병으로 고생하는 환자들을 기도하도록 보내주셨다. 그리고 그 환자들을 위해 예수 그리스도의 이름으로 기도하자 강력한 치유의 역사가 나타나기 시작했다. 하나님의 약속의 말씀이 성취되었던 것이다. 하나님은 율법의 저주에 묶여 절망과 슬픔과 저주와 죽음에서 헤어나지 못하는 인생들을 위해 독생자 예수 그리스도를 보내셨고, 십자가에 죽게 하는 은혜를 통해 그 인생을 복을 소유하는 자들로 바꾸어 주셨다.

> 그리스도께서 우리를 위하여 저주를 받은 바 되사 율법의 저주에서 우리를
> 속량하셨으니 기록된 바 나무에 달린 자마다 저주 아래에 있는 자라 하였음
> 이라 이는 그리스도 예수 안에서 아브라함의 복이 이방인에게 미치게 하고
> 또 우리로 하여금 믿음으로 말미암아 성령의 약속을 받게 하려 함이라
> (갈 3:13-14)

우리를 사랑하신 예수 그리스도의 십자가는 우리를 묶고 있는 저주를 축복으로 바꾸어 주셨다. 그런데 갈라디아서 말씀을 붙잡고 기도하면서 내 마음에 의구심이 끊이지 않았다. '그렇다면 왜 예수님께서 이미 부활하셨음에도 성도가 정신병과 마음의 병으로 고생하고 있는가? 왜 자살과 우울증에 시달려야 할까?'

진료받기 위해 병원에 방문하면 으레 물어보는 것이 있다. "가족 중에 이런 병으로 어려움을 겪으셨던 분이 있으셨나요?"라는 질문이다. 이 질문이 왜 없어지지 않는지에 대해서도 의구심이 생겼다. 가족력으로 인해 숙명처럼 받아들여야만 하는 유전병의 원인이 무엇인지 궁금했다. 분명 하나님은 "저가 네 모든 죄악을 사하시며 네 모든 병을 고치시며"(시 103:3)라고 말씀하셨는데, 왜 하나님의 자녀로서 살아감에도 불치병과 희귀병에서 벗어나지를 못하는지 의문이 떠나지를 않았다.

그런 가운데 2008년 9월 중순, 한국과 몽골 선교여행을 다녀온 후 잠시 휴식을 취하던 중 특별한 체험을 하게 되었다. 비몽사몽간에 갑자기

성경이 열리면서 신명기 28장 15절 이하에 나오는 저주의 병들이 슬라이드로 한 장 한 장 넘어가며 눈에 선명하게 보였다. 그러나 이후에 나는 성령님께서 보여주셨던 저주의 병들에 대한 말씀이 성경 어디에 나오는지를 기억하지 못했다. 3주쯤 지난 토요일에 신명기 28장 1-14절에 나오는 축복의 말씀으로 주일 말씀을 준비하던 중, 신명기 28장 전체를 다시 묵상하게 되었다. 그리고 얼마 전 슬라이드 넘기듯이 보았던 그 말씀을 발견하고, 순간 온몸에 전율을 느꼈다. 이후로 나는 신명기 28장 15-68절에 나오는 불순종으로 인한 저주의 병들을 앓고 있는 환자들을 위해 기도했고 상상을 초월할 만큼의 강력한 치유가 나타남을 확인할 수 있었다. 사실 당시에 나는 그런 일들이 도무지 이해되지 않았다. 하나님의 은혜라는 말 외에 어떤 다른 말로는 표현할 수 없었다. 신명기 28장의 말씀을 받고 10여 년이 지난 지금 이 순간에도 하나님의 은혜가 아니라면 적절한 표현을 찾을 수가 없다.

치유의 하나님이 내리신 저주의 질병에 대해 알아보려면 저주에 대한 이해가 반드시 선행되어야 한다. 그런 측면에서 지금 한국 교회가 '저주'라는 단어를 터부시하고 이단시하고 있어 안타깝다. 분명 저주의 병들에 대한 이해와 치료 방법은 단순히 기도 받으러 오는 몇몇 사람들을 위해서만 사용되어서는 안 된다. 불치병, 희귀병 환자를 비롯해, 병으로 고통받는 많은 사람을 위해 널리 쓰여야 한다.

나는 어느새 하나님이 가르쳐 주신 신명기 28장 15절 이하의 말씀을 통해 치유사역을 하고 있다. 또한, 치유를 연구하여 논문을 내 학위도 받았고 온 세계를 다니며 세미나도 열고 있다. 이제 나는 하나님께서 허락하신 이 치유사역에 대해 나누고자 한다. 진정한 치유사역이란 치료할 수 없다고 단정짓곤 하는 희귀병과 불치병으로부터 사람들을 회복시키고 하나님께로 돌아서게 하는 것이다. 영혼들을 하나님께 돌아오게 하는 것이야말로 가장 큰 은혜이기 때문이다.

하나님은 환자 한 사람 한 사람을 위해 최선을 다해 기도하게 하셨고 저주와 축복의 비밀을 깊숙이 깨달아 알게 하셨다. 시간이 지나면 지날수록 치료의 영역을 더욱 넓혀 주시고 상상조차 할 수 없었던 일을 체험하게 하셨다. 이 책을 통해 두려움에 떨며 고통 가운데서 신음하는 이들에게 조금이라도 소망을 주었으면 한다.

하나님께서는 내가 목회를 시작할 때 성령님을 인격적으로 온전히 인정하고, 환영하고, 모셔드리고, 의지하게 하셨다. 그 가운데서 말씀과 기도로 죽어가는 영혼, 믿다가 타락한 영혼, 귀신에 눌린 영혼, 상처로 방황하는 영혼, 질병으로 고통받는 영혼을 하나님께로 인도하게 하셨다. 교회가 마가의 다락방에서의 성령의 역사를 다시 회복하여 초대교회의 모습으로 돌아가도록 성령의 기름을 부어주셨다. 이 시대가 잃어버린 오순절적인 성령의 역사를 새롭게 완성하는 사역을 맡겨 주신 것이다.

이 길로 나를 인도하신 하나님께 무한한 감사와 영광을 돌린다. 소망을 잃어버린 자들에게 주님의 은혜로 새 생명을 얻어 살아갈 수 있도록 은혜를 베풀어 주시고, 병든 자들을 위해 치유기도를 드릴 은혜와 능력을 주신 주님께 더욱 감사하다. 앞으로도 병들어 살맛을 잃어버린 영혼들이 십자가 보혈의 은혜와 성령의 능력과 하나님의 말씀을 의지함으로써 저주의 병에서 진정한 자유를 얻도록 도울 것이다. 주님께서 내게 주신 은혜를 떠올리며 그 사역을 온전히 감당할 것이다. 계속해서 예수 그리스도의 이름의 능력을 선포하고 주님이 천하보다 더 귀하게 여기시는 한 생명, 한 생명을 위해 살아갈 것이다. 주님께서 예비하신 상급 받는 날을 기대하며 조금도 뒤로 물러서지 않는 믿음을 가지고 주님이 주신 사명을 감당하겠다고 다짐해본다.

2021년 1월
캐나다 토론토에서
김석재 목사
Rev. Dr. Abraham S. J. Kim

현대의학이 발달한 오늘날에도 많은 사람이 질병으로 고통당하고 있으며, 첨단 의학 기술로도 고치지 못하는 불치병이 여전히 존재합니다. 그런 의미에서 질병은 인간의 역사와 함께 해왔다고 해도 과언이 아닐 것입니다.

하지만 인간이 타락하기 전에는 인간을 괴롭히는 질병과 죽음, 가난과 저주가 없었습니다. 이와 같은 것들은 하나님의 말씀에 불순종한 죄의 결과로 인류 역사 가운데 뿌리내리게 된 것입니다.

그러나 감사하게도 하나님은 절망에 빠진 인간에게 치료의 길을 열어 주셨습니다. 이스라엘 백성을 치료하신 하나님은 오늘날에도 동일하게 예수 그리스도의 십자가 대속을 통해 우리의 병을 고쳐주고 계십니다. "그가 채찍에 맞으므로 우리는 나음을 받았도다"(사 53:5) 우리 하나님은 어제나 오늘이나 영원토록 동일하게 우리를 치료하시는 '야훼 라파'이시기 때문입니다.

『뿌리를 찾아 캐내라』는 이와 같은 성경적 치유에 관해 자세히 설명하고 있습니다. 특별히 이 책에서는 질병의 뿌리를 찾아 근원적으로 접근하여 참된 회복을 경험하게 하고 치유 이후에도 성경 말씀대로 살아가도록 제시하고 있습니다. 이 책을 통해, 하나님께서 베푸시는 치유와 회복의 은혜를 체험하게 되기를 바라며 기쁘게 추천합니다.

여의도순복음교회
담임목사 **이영훈**

A4 용지 180쪽 이상의 원고를 읽으며 마음을 졸였습니다. 혹시나 하나님의 역사하심이 사람의 것으로 변질될까 봐. 그런데 마지막 장까지 한결같았습니다. 끝까지 "하나님이 치유의 기적들을 베푸셨다"라고 간증하셔서 '후유' 하고 안심할 수 있었습니다. 사람으로서 한 일은 아픈 이들의 이야기를 잘 듣고, 아픈 부분을 잘 살펴서, 하나님께 기도로 고한 것뿐이라고 겸손하게 말씀하셔서 기뻤습니다. 하나님의 영광을 가로채고 사람의 돈을 탐하는 이들도 많은 세상에, 이 책을 통해 그렇지 않은 치유사역자를 만나 볼 수 있어서 얼마나 다행이었는지 모릅니다. 감사합니다, 목사님!

토론토에서 힘겹게 살아가는 한인 교포들의 병든 모습들, 병원을 이용할 수 없는 이민자들의 고통을 접하며 하나님께 간구하셨다는 김석재 목사님. 목사님의 기도가 하늘에 닿아 지금과 같은 놀라운 치유사역이 일어나고 있다고 믿습니다. 입을 크게 벌려 하나님이 주시는 능력을 마음껏 받아 누리고 계신 목사님의 모습을 이 책 속에서 다시 만나 볼 수 있었습니다. 받은 사랑이 많음을 깨닫고 그에 감격해서 때와 장소를 가리지 않고 치유사역에 최선을 다하신 목사님의 발길도 함께 따라가 볼 수 있었습니다. 전염병으로 자유롭게 움직일 수 없는 현재 상황 속에서 이 책의 집필을 마치신 목사님의 열정 덕분에 치유사역에 대한 수많은 실제 사례들을 접할 수 있어 진심으로 감사를 드립니다. 이리도 귀한 선물이 주어질 것이라고는 짐작도 못했습니다. 감사합니다, 목사님!

저는 늦깎이입니다. 모태신앙으로 태어나 부모님이 모두 장로님이셨지만 제가 하나님을 개인적으로 만난 것은 40대 중반이었으니 많이 늦었습니다. 또한 정신과 의사로 20년 가까이 환자들을 보다가 그 후에야 탈봇신학대학원에 들어갔으니 이 역시 늦깎이 공부였습니다. 하나님의 강권하심으로 시작한 신학 공부를 통하여 기독교(Christianity)와 정신의학(Psychiatry)을 통합할 수 있었고, 그 후 20년을 다시 정신과 의사로서 감사히 일할 수 있었습니다. 제가 김석재 목사님을 만나뵙고 성령의 치유를 체험한 것은 2017년이었습니다. 당시 토론토에서 열린 워크숍에 참석했다가 목사님이 시무하시는 교회에서 예배를 드리게 되었습니다. 그때까지만 해도 저는 하나님의 기적적인 치유는 남들의 과장된 표현이거나 의학이 발전하지 못했던 과거에만 하나님이 쓰셨던 방법일 거라고 생각했었습니다. 초등학교 2학년 때 오른쪽 다리가 골절되어서 늘 짝짝이 다리로 살았는데 짧은 기도 후에 놀랍게도 두 다리의 길이가 똑같아졌습니다. 처음에는 아침마다 눈을 뜨면 벽에 등을 바짝 붙이고 다리 길이를 재어보곤 했습니다. 지금껏 똑같아진 다리 길이는 변함이 없습니다. 무릎의 통증으로 옆으로 계단을 오르던 걸음도, 손가락 마디마다 심하던 통증도 온전히 고침을 받았습니다. 그 후 제 주변에 많은 지인이 고침을 받았고 그중 일부는 이 책 속에 그대로 실려 있는 것을 확인할 수 있었습니다. 신유의 체험으로도 저는 늦깎이입니다. 그래도 제가 잘하는 것은, 늦게라도 좋은 것이 주어지면 절대 놓치지 않고 꼭 잡는 것입니다. 이 책을 통해 저의 고침 받은 체험 위에 김석재 목사님의 수많은 치유사역의 간접 경험을 가득 쌓을 수 있었습니다. 앞으로 쌓여진 이 터 위에 하나님이 무엇을 더 만들어 가실지 더욱 기대가 됩니다. 그 마음으로 이 글을 씁니다. 고맙습니다, 목사님!

하나님은 주권적으로 우리에게 병 고칠 방법들을 여러 가지로 주시는데, 우리가 사람의 생각으로 하나님을 제한시키고 있어 마음껏 누리지 못하고 있음을 이 책을 통해 다시 깨달았습니다. 민간요법을 통해서도, 한의학을 통해서도, 서양의학을 통해서도, 이후 대체의학을 통해서도, 하나님은 당신의 지혜와 사랑을 우리에게 계속 베풀어주고 계시는데 사람들은 저마다 장님 코끼리 다리 만지듯 전체를 보지 못하고 부분만 보고 있습니다. 그러다 보니, 내가 옳으니 네가 그르니 하면서 서로를 비난

하고 벽을 쌓으며 하나님이 주신 모든 방법을 다 누리지 못하고 있습니다. 이제 마음을 열어 가장 오래되고 가장 근본적인 기도를 통해 하나님의 직접적인 치유의 경험을 모두 누리면 좋겠습니다. 성경에 나와 있는 옛날 옛적 이야기가 아니라 2021년 오늘에도 면면히 이어져 오는 하나님의 치유의 손길을 모두 체험하고, 살아계신 하나님을 생동감 있게 전할 수 있으면 좋겠습니다.

목사님이 이 책을 통해 알려주신 기도문들이 주문처럼 쓰이지 않기를 간절히 소원합니다. 사람의 방법이 끼어들어 이런 세미나, 저런 스쿨의 모습으로 변형되지 않기를 또한 기도합니다. 오로지 하나님의 주권적 역사임을 믿고 하나님께만 영광 돌리는 치유사역이 되기를 간구합니다. 저의 진료실 안에서도 일어나는 일 또한 하나님께서 주관하시고 이끄시는 일임을 확실히 믿겠습니다. 그리고 겸허히 받아들겠습니다. 비록 늦깎이이지만.

감사합니다. 김식재 목사님!

연세밝은맘 정신과의원 원장
연세대학교 의과대학 정신과 외래교수
이혜련

우리가 알거니와 하나님을 사랑하는 자 곧 그의 뜻대로 부르심을 입은 자들
에게는 모든 것이 합력하여 선을 이루느니라 (롬 8:28)

먼저 은혜 베풀어 주셔서 이러한 글을 쓸 수 있도록 하신 하나님께 감
사드린다. 현대의학으로도 치료할 수 없고 원인조차 알 수 없는 육체의
질병 그리고 마음과 정신적인 병들! 그 병들로 인해 힘들어하며 방황하
는 생명을 위해 하나님은 예수 그리스도 이름의 능력을 의지하여 믿음으
로 기도하게 하셨고 치료할 수 있는 은혜를 베푸셨다. 그 건강과 지혜를
부어주신 하나님께 감사드리며 모든 영광을 올려드린다.

무엇보다 감사하고 감사할 것은 1987년 예수님을 영접하면서부터 늦
깎이 목회의 길을 가기까지, 그리고 지금에 이르기까지 하나님께서 조용
기 목사님의 설교와 사역을 통해 내가 나아가야 할 영적인 방향을 바로
잡아주셨다는 사실이다. 성령의 깨우침을 허락하시고 만남의 축복을 부
어주신 하나님께 늘 감사하고 감사하다. 조용기 목사님과의 만남은 나의
인생을 송두리째 바꾸어 놓았을 뿐만 아니라, 인생의 목표를 새롭고 분
명하게 세워나가는 계기가 되었다. 그 이후로 내 인생은 나를 위한 인생
이 아닌 하나님의 나라와 영혼구원을 위한 인생이 되었다.

나의 인생에서 성령님이 연결해 주신 또 다른 귀한 만남이 있다. 예영

수 박사님, 배선애 사모님과의 만남이다. 그분들은 나의 인생의 최종 목적을 가르쳐 주셨다. '일생을 마치는 시간, 주님 앞에 서는 그 시간에 주님이 나보고 뭐라고 하실까?'를 늘 기억하며 살라는 예 박사님의 가르침은 나의 인생관을 바로 세우는 것은 물론 목회의 방향을 분명히 밝혀 주기에 부족함이 없었다. 지금 이 순간에도 힘들고 어려운 일로 마주치는 순간이 오면, 나는 어김없이 '주님 앞에 서는 날 주님은 날 보고 뭐라고 하실까?' 하며 묵상하곤 한다. 그때마다 하나님은 새 힘을 얻어 난관을 헤쳐나갈 지혜와 담대함을 허락하셨고 결국 승리하게 하셨다. 그 은혜로 지금 이 시간, 이 자리까지 나아올 수 있었으니 얼마나 감사한가?

더불어, 유난히도 자식 사랑이 끔찍하셨던 부모님의 사랑과 헌신이 없었다면 지금의 내가 있을 수 없었을 것이다. 이제는 부모님 모두 천국으로 가셨지만, 나의 어머니 고(故) 이영희 권사님은 나이 들어 부름을 받고 목회자의 길을 가게 된 부족한 아들을 위해 늘 기도해 주셨다. 오랜 시간 배후에서 묵묵히 기도하시며 생명 바쳐 헌신하고 충성하셨다. 이제야 고인이 되신 나의 어머니의 사랑을 깨닫게 됐으니 얼마나 가슴 아픈 일인가? 나의 어머니께 깊이 머리 숙여 감사하고 또 감사드린다.

또한 내 인생에 찾아온 굿은일, 슬픈 일, 기뻤던 일들 가운데 항상 함께해 주며 감사와 찬양을 올려드렸던 아내 박금희 목사에게 마음속 깊은 곳으로부터 올라오는 감사와 사랑의 마음을 전한다. 풀릴 수 없는 수수께끼 같던 인생, 저주의 사슬에 묶여 살아온 가정이 한 여인의 눈물의 기도로 바뀌었다. 아내의 눈물을 받으신 하나님께서 우리 가정에 성령을 부어주심으로 절망이 소망으로, 슬픔이 기쁨으로, 저주가 축복으로, 죽음이 예수의 새 생명으로 바뀌었다. 더 나아가 온 천하 만민들에게 나아가 복음을 증거하는 온 가족과 가정으로 쓰임 받도록 하셨다. 이 인생 역전의 기쁨은 한편의 아름다운 드라마를 찍어내는 것과도 같았다. 포기하지 않고 여기까지 믿음의 기도로 이 감동적인 극을 만든 아내에게 감사하다.

그뿐만 아니라, 이런 영광스러운 일들을 할 수 있도록 배후에서 기도와 물심양면으로 도운 사랑하는 딸 소희와 사위 이영환 전도사, 아들 저스틴 목사와 며느리 예은 사모에게 한없는 감사와 사랑을 보낸다.

지금의 나와 우리 가족이 있기까지 함께 기도하며 배후에서 힘을 실어준 사랑하는 토론토 순복음영성교회 성도 한 분 한 분에게도 진심으로 감사하고 감사하는 바이며, 이연희 자매에게 진심으로 감사하다. 더불어 잠시라도 함께하셨던 분들 또한 지금의 내가 있기까지 도움을 주신 너무나 귀하신 분들이기에 감사드리는 바이다. 특히 부족한 종의 글을 추천해 주신 이영훈 목사님과 이혜련 박사님께도 깊이 머리 숙여 감사드린다.

신명기 28장 15-68절은 불순종에 따르는 저주에 대한 말씀이다. 이 구절은 현대의학으로도 풀 수 없는 불치병, 희귀병을 말하고 있다. 성경이 병명을 상세히 말하고 있음에도 이 본문을 놓치고 지나칠 때가 많다. 성도는 물론이고, 치유사역자 또는 성경을 여러 번 통독하신 성도조차 신명기 28장 15-68절은 그냥 넘어가는 경우가 많다. 읽기 두려워하거나 오늘날에는 적용되지 않는 것처럼 가볍게 여기기 때문이다.

나는 신명기 28장 15절 이하에 대해 더 깊이 알고 싶었지만, 도무지 관련 자료를 찾을 수 없었다. '많은 사람이 고통받고 있는 질병의 치유와 회복이란 우리에게 너무나 절실한 것인데 왜 불순종의 저주로 생기는 다양한 질병에 대해 글을 써서 치유의 답을 안내하는 사람이 아무도 없는 것일까?'

사실 이 책을 쓰기 시작하면서 망설임과 두려움이 있었다. 많은 한국교회가 '저주'라는 단어를 사용하려고 하지 않기 때문이다. '괜히 이 본문에 대해 다루었다가 문제가 된다면 어떡할 것인가?' 하는 생각에 괴롭고 무거운 마음이 들기도 했지만, 하나님께서 분명하고 또렷하게 주신 말씀임을 상기하며 불안한 마음을 접고 책을 쓰게 되었다. 이후로 성령님을 의지하며 글을 써 내려가기 시작했다.

아무쪼록 목회자의 길을 이미 걷고 있는 분들이나 그 길을 가겠다고 헌신하신 분들 그리고 치유사역에 대해 많은 관심을 갖고 있는 분들에게 큰 소망과 은혜를 끼치길 기대한다. 치유사역에 크게 쓰임 받는 치유사역 지침서가 되길 간절히 바란다.

우리는 '저주 알레르기 증후군'에 걸려 있는 한국 교회를 흔히 볼 수 있다. '저주 알레르기 증후군'은 저주의 잎사귀만 보고 반응할 뿐, 저주의 뿌리가 얼마나 위험한지 자세히 알지 못하기 때문에 걸리는 것이다. 병들었다면 병의 뿌리를 뽑아내야 완치할 수 있다. 신명기 28장 15절 이하 말씀을 깊이 묵상하다 보면, 예수님을 믿으면서도 성경에서 말하고 있는 '불순종의 저주로 인한 질병'이 지금 우리 곁에 와서 거리낌 없이 다가와 상존하고 있음을 알 수 있다. 이 병들의 뿌리는 조상들과 자신이 섬겼던 우상과 미신이다. 우리는 이 뿌리를 캐내야 한다.

목회자, 사역자들과 함께 대화하다 보면 처음에는 신명기의 저주와 축복의 말씀에 대해 잘 아는 것처럼 반응하지만, 결국 그 부분을 소홀히 하고 그냥 넘어갔었음을 인정한다. 신명기 28장을 통해 하나님께서 주시는 말씀은 우리를 저주하며 책망하고자 함이 아니다. 도리어 저주의 길로 가지 말고 축복의 길로 돌아서며 그 길을 선택하라는 말씀이다. 따라서 우리는 '불순종의 저주로 인한 질병'을 놓고 기도해야 한다. 믿지 않는 자들이 '불순종의 저주로 인한 질병'으로부터 치유를 경험하게 하고, 구원의 길로 인도해야 한다. 그것이 교회와 성도의 역할이다.

"뿌리를 찾으라! 뿌리를 캐내라!"

Contents

치유사역이란
무엇인가?

치유사역이란 성경에 정확하게 명시되어 있다.

예수께서 온 갈릴리에 두루 다니사 그들의 회당에서 가르치시며 천국 복음
을 전파하시며 백성 중의 모든 병과 모든 약한 것을 고치시니 그의 소문이 온
수리아에 퍼진지라 사람들이 모든 앓는 자 곧 각종 병에 걸려서 고통 당하는
자, 귀신 들린 자, 간질하는 자, 중풍병자들을 데려오니 그들을 고치시더라 (마
4:23-24)

Uproot it

치유사역 전,
짚고 넘어가야 할 것

그러므로 무엇이든지 남에게 대접을 받고자 하는 대로 너희도 남을 대접하
라 이것이 율법이요 선지자니라 (마 7:12)

치유사역과 관련하여 다음과 같은 질문을 나누고자 한다.

"육신의 질병으로 고통받고, 정신적으로 병들어 고통 가운데 있는 이들
이 어떤 마음인지 생각해 보았는가? 그들을 진심으로 돕기 원하는가?"

"고통 가운데 있는 사람이 나의 부모, 형제, 나의 자녀라고 생각해 보
았는가?"

"내 자녀, 가족, 친척이 위중한 병에 걸려서 누구라도 도와줬으면 좋
겠다는 간절한 마음을 가져 본 적 있는가?"

치유사역을 위해 쓰임 받고자 한다면 이 질문들에 모두 대답할 수 있
어야 한다. 모든 질문에 '그렇다'라고 답할 수 있다면 마음속에 예수님의
긍휼과 사랑을 품었다고 볼 수 있다. 그런 사람만이 치유사역자로서 소

명 의식을 가질 수 있다.

치유사역을 하면서 지켜야 할 또 하나의 자세는 '환자가 스승이다'라는 생각이다. 치유사역자는 매번 다른 환자를 통해 또 다른 치유의 세계를 경험하고 배운다. 환자 한 사람, 한 사람을 통해 다양한 병의 근원과 치료의 방법을 배워나가다 보면 치유의 지경이 넓어진다.

성경은 하나님이 '치료의 하나님'이심을 증언한다. 명문의대 출신이라고 '명의'(名醫)가 아니다. 병을 잘 치료해야 명의다. 그러한 시각에서 볼 때 세계 최고의 명의는 예수 그리스도이다. 그분께서 당신의 이름을 사용할 수 있는 권세를 우리에게 주셨다. 그 이름을 부르며 기도할 때 치유의 역사가 일어난다. 예수님이 역사하시면 미천하고 부족한 것뿐이라 하더라도 명의의 반열에 서는 치유사역자가 될 수 있다.

> 이르시되 너희가 너희 하나님 나 여호와의 말을 들어 순종하고 내가 보기에 의를 행하며 내 계명에 귀를 기울이며 내 모든 규례를 지키면 내가 애굽 사람에게 내린 모든 질병 중 하나도 너희에게 내리지 아니하리니 나는 너희를 치료하는 여호와임이라 (출 15:26)

출애굽기 15장 26절은 하나님께서 모든 치료를 친히 주관하시며, 철저히 성령님께 의지하여 예수 그리스도의 이름으로 기도할 때 비로소 치유가 일어남을 알려준다. 우리는 치유의 주체가 오직 하나님 한 분이신 것을 잠시도 잊어서는 안 된다.

정말 안타깝지만, 치유사역을 시작한 날부터 이 순간까지 자칭 '능력자'라며 환자에게 접근하는 사람을 꽤 많이 보았다. 마치 자신이 하나님의 '계시'를 받은 것 같이 연기하며 접근하거나, 지푸라기라도 잡고 싶어 하는 마음을 이용하여, 치유 능력자인 척하는 것이다. 하지만 엉터리 기도에는 부작용이 나타난다. 악한 영의 공격을 받은 가짜 치유사역자가 나에게 치유기도를 받으러 찾아오는 경우도 종종 있었다.

또한 치유집회를 하다 보면, 소위 귀신을 본다는 자들도 많이 있다. 그러나 귀신을 본다는 것은 긍정적인 점만 있는 것이 아니다. 악한 영의 공격에 늘 열려 있기 때문에 본인이 위험에 처할 수 있음을 분명히 알아야 한다. 이 책 뒤에서 자세히 설명하겠지만, 특별히 사역자는 자신을 위한 보호기도, 대적기도, 차단기도를 잠시도 소홀히 해서는 안 된다.

환자는 좋은 사역자를 만날 수 있도록 기도해야 하고, 사역자는 좋은 목자가 되기 위해 기도해야 한다. 치유를 위해서는 하나님 말씀과 성령님을 의지하고 예수 그리스도의 이름의 권세로 기도해야 하며, 물질의 탐심을 없애고 영혼을 긍휼히 여기는 마음을 가져야 한다. 분명 주님은 제자들에게 "거저 받았으니 거저 주라"라고 말씀하셨다.

가면서 전파하여 말하되 천국이 가까이 왔다 하고 병든 자를 고치며 죽은 자를 살리며 나병환자를 깨끗하게 하며 귀신을 쫓아내되 너희가 거저 받았으니 거저 주라 (마 10:7-8)

우리는 끝까지 쓰임 받지 못하고 중간에 하차하거나, 비참하게 사역을 마무리하는 사역자를 그동안 많이 보았다. 그 이유가 바로 자신을 위한 보호기도와 악한 영들이 접근하지 못하도록 차단하는 기도가 부족했기 때문이라고 생각한다. 기도 부족은 변명하거나 합리화할 문제가 아니다. 사역자는 자기 자신과 가족, 함께하는 모든 공동체와 사역을 위해 철저하게 기도하고 악한 영을 차단해야 한다.

> 믿는 자들에게는 이런 표적이 따르리니 곧 그들이 내 이름으로 귀신을 쫓아내며 새 방언을 말하며 뱀을 집어올리며 무슨 독을 마실지라도 해를 받지 아니하며 병든 사람에게 손을 얹은즉 나으리라 하시더라 (막 16:17-18)

어떤 치유와 회복을 원하는지 한번 적어보자. 그리고 이 책을 따라 기도한 후, 응답 받은 기도제목을 확인해 보자. 변화된 자신의 모습을 이전의 모습과 비교해 보자.

CHAPTER 02 하나님은 우리가 치유받기 원하신다

성경은 치유와 회복이 하나님의 뜻임을 말씀하고 있다. 하나님은 2,000년 전에도, 지금도, 앞으로도 영원토록 동일하게 살아 역사하신다. 갇히고, 눌리고, 포로 된 자들을 성령의 권능으로 치유하기 원하시며, 복 주기 원하신다.

네가 네 하나님 여호와의 말씀을 삼가 듣고 내가 오늘 네게 명령하는 그의 모든 명령을 지켜 행하면 네 하나님 여호와께서 너를 세계 모든 민족 위에 뛰어나게 하실 것이라 네가 네 하나님 여호와의 말씀을 청종하면 이 모든 복 이 네게 임하며 네게 이르리니 성읍에서도 복을 받고 들에서도 복을 받을 것 이며 네 몸의 자녀와 네 토지의 소산과 네 짐승의 새끼와 소와 양의 새끼가 복을 받을 것이며 네 광주리와 떡 반죽 그릇이 복을 받을 것이며 네가 들어 와도 복을 받고 나가도 복을 받을 것이니라 여호와께서 너를 대적하기 위해 일어난 적군들을 네 앞에서 패하게 하시리라 그들이 한 길로 너를 치러 들어왔으나 네 앞에서 일곱 길로 도망하리라 여호와께서 명령하사 네 창고와 네 손으로 하는 모든 일에 복을 내리시고 네 하나님 여호와께서 네게 주시는 땅에서 네게 복을 주실 것이며 여호와께서 네게 맹세하신 대로 너를 세워 자기의 성민이 되게 하시리니 이는 네가 네 하나님 여호와의 명령을 지켜 그 길로 행할 것임이니라 땅의 모든 백성이 여호와의 이름이 너를 위하여 불리는 것을 보고 너를 두려워하리라 여호와께서 네게 주리라고 네 조상들에게 맹세하신 땅에서 네게 복을 주사 네 몸의 소생과 가축의 새끼와 토지의 소산을 많게 하시며 여호와께서 너를 위하여 하늘의 아름다운 보고를 여시사 네 땅에 때를 따라 비를 내리시고 네 손으로 하는 모든 일에 복을 주시리니 네가 많은 민족에게 꾸어줄지라도 너는 꾸지 아니할 것이요 여호와께서 너를 머리가 되고 꼬리가 되지 않게 하시며 위에만 있고 아래에 있지 않게 하시리니 오직 너는 내가 오늘 네게 명령하는 네 하나님 여호와의 명령을 듣고 지켜 행하며 내가 오늘 너희에게 명령하는 그 말씀을 떠나 좌로나 우로나 치우치지 아니하고 다른 신을 따라 섬기지 아니하면 이와 같으리라 (신 28:1-14)

그리스도인이라면 하나님 나라의 백성이 되어야 한다. 주님의 백성은 하나님의 통치와 하나님의 다스림 속에서 살아가는 백성을 말한다. 우리는 단지 육신만 치료받는 것이 아니라, 하나님이 부어주시는 새 생명을 얻고 하나님 나라를 소유한 하나님의 백성답게 살아가야 한다. 단순히 교인으로서의 삶이 아닌, 하나님의 백성으로서 변화된 삶을 통해 전인구원을 이뤄야 한다. 하나님의 자녀로서 하나님 나라를 소유한 삶을 증거할 수 있어야 한다.

하나님은 십자가에서 독생자 예수 그리스도를 아낌없이 희생하여 모든 것을 다 이루어 주셨다. 하나님의 자녀 된 우리는 그 사랑을 기억하며 이 땅에서 건강하게 하나님의 복음을 전해야 한다. 모든 병의 치료자이신 예수 그리스도께서는 2,000년 전이든, 의학이 훨씬 더 발달한 현재든 동일하게 역사하신다. 주님이 다시 오실 그날까지 동일하게 적용되는 사실이다.

> 예수께서 들으시고 이르시되 건강한 자에게는 의사가 쓸 데 없고 병든 자에게라야 쓸 데 있느니라 (마 9:12)

또한 '이 땅에 마귀의 일을 멸하러 오신 예수님'(요일 3:8)은 "도둑이 오는 것은 도둑질하고 죽이고 멸망시키려는 것뿐이요 내가 온 것은 양으로 생명을 얻게 하고 더 풍성히 얻게 하려는 것이라"(요 10:10)라고 말씀하셨다. 즉, 예수님은 우리의 영·혼·육을 도적질하고 죽이고 멸망시키려는 마귀로부터 우리를 구원하기 위해 오신 것이다. 이를 통해 우리는 치유가 구원과 더불어 하나님이 원하시는 것임을 분명히 알 수 있다.

Uproot it

CHAPTER 03 ## 치유와 회복의
목적과 본질

치유의 본질과 목적은 환자와 보호자가 삶을 회복한 이후, 하나님 나라의 확장을 위해 예수님의 사랑을 증거하는 증인이 되는 것이다.

베데스다 연못가의 38년 된 병자 | 요한복음 5장 2-15절

예루살렘에 베데스다라는 연못이 있었다. 가끔 천사가 이 연못을 휘젓는데, 그 뒤 제일 먼저 물에 들어가면 어떤 병도 나았다. 그러다 보니 많은 환자가 연못 주위에서 물이 움직일 때만을 기다리고 있었다. 그중에는 38년이나 병을 앓고 있던 환자도 있었다. 어느 날 예수님이 이 환자에게 다가와 "네가 낫길 원하느냐"고 물으셨을 때, 그는 "나를 연못에 넣어 줄 사람이 없어 매번 다른 환자들에게 차례를 빼앗겼다"라고 엉뚱한 대답만 했다.

예수님은 병자에게 "일어나 네 자리를 들고 걸어가라"라고 하셨고,

38년 된 병자는 즉시 회복되어 일어났다. 치유받은 그는 유대인들에게 자기를 고친 이가 예수라고 전했다.

이 환자는 어떻게 치유받을 수 있었을까? 그의 믿음이 충만해서가 아니었다. 그가 한 것이라곤 그저 연못 앞에서 한숨 쉬고 있다가 예수님께 동문서답한 것밖에 없었지만, 예수님의 눈에 띄어 치료받았다. 예수님은 그를 먼저 찾아가 만나주셨고, 그는 아무 조건 없이 병 고침을 받았다.

군대 귀신들린 병자 | 마가복음 5장 1-20절

예수님과 제자들이 거라사 지방으로 배를 타고 갔다. 예수님은 배에서 내리자마자 무덤 사이에서 나온 군대 귀신들린 사람과 마주치셨다. 귀신들린 사람은 공동묘지에서 사는데, 그 힘이 얼마나 센지 마을 사람들이 쇠사슬로 묶으려고 여러 번 시도했지만 실패했다.

예수님은 그를 긍휼히 여겨 귀신을 내쫓길 원하셨다. 그러나 그는 예수님께 "당신이 나와 무슨 상관이 있나이까?" 하며 예수님을 거절했다. 그러나 예수님은 영혼을 포기하지 않으셨다. 군대 귀신들은 즉시 2천 마리나 되는 돼지 떼 속으로 들어갔고, 귀신들린 돼지들은 절벽으로 달려가더니 바다에 떨어져 죽었다.

이후 귀신들렸던 사람은 온전히 회복되었다. 마을 사람들은 그가 옷을 갖추어 입고 맑은 정신으로 예수님 앞에 앉아있는 모습을 보고 크게 놀랐다. 마을 사람들은 기이한 기적을 보고 두려워 예수님께 떠나 달라 부탁했지만, 회복된 자는 예수님을 따르길 원했다. 예수님께선 그의 부탁을 허락하지 않으시고, 대신 가족들에게 이 일을 증거하라고 하셨다. 회복된 자는 가족뿐 아니라 데가볼리 지방 전체에 예수님께서 하신 일을 간증했다.

나는 이 이야기에서 하나님의 크신 사랑과 넘치도록 부어주시는 은혜를 발견한다. 예수님은 사람이 살 수 없는 곳에서 지내셨고 사람이라고 할 수조차 없는 군대 귀신들린 사람을 구원하셨다. 예수님은 그에게서 2천 마리가 넘는 군대 귀신을 쫓아내셨다. 그것도 돼지 떼 2천 마리를 몰살시키면서까지 한 영혼을 살리신 것이다. 2천 마리를 돈으로 환산하면 굉장한 액수이다. 하지만 예수님은 고민하지 않으셨다. 이것이 예수님의 영혼 사랑이다. 나는 집회를 인도할 때면 이 말씀을 통해 예수님의 사랑을 전하곤 한다.

지금 이 시대에 돼지 2천 마리를 버리면서까지 귀신들린 한 영혼을 살리고자 하는 교회와 주의 종이 과연 얼마나 있을까? 이 이야기에서 유심히 봐야 할 것은 성경적인 치유와 회복의 본질이다. 치유는 귀신이 나가고 병이 고쳐지는 데에서 끝나지 않는다. 본문은 이웃들에게 자신이 만난 살아계신 예수님을 전함으로써 하나님 나라를 확장해 나가는 데에 치유의 궁극적인 초점을 맞추고 있다.

Uproot it

CHAPTER 04 치유사역자의 자세

치유사역의 주체에 대해서는 몇 번을 강조해도 지나치지 않는다. 어떤 경우든 치료는 예수님의 영역이다. 예수님이 친히 우리를 치유하신다.

치유는 성령님이 친히 다 하신다

치유사역은 '특별한 사람'이 '특별한 능력'으로 하는 것이 아니다. 하나님의 자녀가 성령 안에서 믿음을 가지고 예수의 이름으로 기도하면 그의 기도를 통해서 성령님이 친히 치유하신다. 사람이 할 수 있는 것은 오직 기도뿐이다.

> 믿음의 기도는 병든 자를 구원하리니 주께서 그를 일으키시리라 혹시 죄를 범하였을지라도 사하심을 받으리라 그러므로 너희 죄를 서로 고백하며 병이 낫기를 위하여 서로 기도하라 의인의 간구는 역사하는 힘이 큼이니라 (약 5:15-16)

은사를 구분하지 말라

　많은 성도가 치유사역을 '특별한 은사'를 받아야 가능한 것이라고 오해한다. 은사를 왜곡하여 구분하는 것이다. 그러나 성경에서는 각기 다른 은사들이 같은 성령으로부터 왔다고 말한다. 각기 맡은 역할이 다르기 때문에 은사가 나누어져 있지만, 능력이 나타난다는 사실은 동일하기 때문에 구분하지 않아도 된다. 간혹 타 교회 성도가 나에게 "우리 목사님은 말씀의 은사는 있지만 신유의 은사가 없기 때문에 신유기도는 안 해 주세요"라고 말할 때가 있다. 언뜻 보면 맞는 것 같지만, 은사에 대해 깊이 고민해봤다면 틀린 이야기임을 알 수 있다. 말씀의 은사나 신유의 은사나 같은 성령이 부어주시는 은사다. 말씀의 은사를 받아서 말씀을 선포하면 같은 성령님이 운행하시므로 신유의 역사가 일어나서 병을 고침 받게 된다.

　성령의 능력을 행하였던 예수님의 제자들과 바울 등은 예수님이 하셨던 일들을 그대로 나타냈다. 그들은 주 안에서 성령의 권능을 입음으로써 이적과 기사를 나타낼 수 있었다. 성경의 모든 말씀을 그대로 믿고 선포할 때, 은사와 관계없이 믿는 자에게 말씀의 표적이 따른다.

또 사역은 여러 가지나 모든 것을 모든 사람 가운데서 이루시는 하나님은 같으니 각 사람에게 성령을 나타내심은 유익하게 하려 하심이라 어떤 사람에게는 성령으로 말미암아 지혜의 말씀을, 어떤 사람에게는 같은 성령을 따라 지식의 말씀을, 다른 사람에게는 같은 성령으로 믿음을, 어떤 사람에게는 한 성령으로 병 고치는 은사를, 어떤 사람에게는 능력 행함을, 어떤 사람에게는 예언함을, 어떤 사람에게는 영들 분별함을, 다른 사람에게는 각종 방언 말함을, 어떤 사람에게는 방언들 통역함을 주시나니 이 모든 일은 같은 한 성령이 행하사 그의 뜻대로 각 사람에게 나누어 주시는 것이니라 몸은 하나인데 많은 지체가 있고 몸의 지체가 많으나 한 몸임과 같이 그리스도도 그러하니라 (고전 12:6-12)

베드로를 비롯한 예수님의 제자들을 보자. 성령을 받기 전과 받은 후가 완전히 달라졌다. 예수님과 함께할 때는 아무것도 할 수 없는 자들이었으나, 예수님이 승천하시고 성령을 받자 그들의 사역 가운데 믿음의 은사, 말씀의 은사와 지식의 은사 그리고 병 고치는 은사가 강력하게 나타났다. 예수님께서 제자들에게 당부하셨던 말씀이 그대로 성취된 것이다. 그러므로 사역자는 반드시 성령을 받아야 한다. 성령을 받지 않고는 어떤 사역이라도 시작할 수 없음을 깨달아야 한다.

무엇보다 이를 위해서는 자신이 먼저 깨끗해져야 한다. 성령세례는 회개로부터 임하기 때문이다. 치유사역자가 되기 위한 첫걸음은 회개이다.

내가 진실로 진실로 너희에게 이르노니 나를 믿는 자는 내가 하는 일을 그도 할 것이요 또한 그보다 큰 일도 하리니 이는 내가 아버지께로 감이라
(요 14:12)

제 구 시 기도 시간에 베드로와 요한이 성전에 올라갈새 나면서 못 걷게 된 이를 사람들이 메고 오니 이는 성전에 들어가는 사람들에게 구걸하기 위하

여 날마다 미문이라는 성전 문에 두는 자라 그가 베드로와 요한이 성전에 들어가려 함을 보고 구걸하거늘 베드로가 요한과 더불어 주목하여 이르되 우리를 보라 하니 그가 그들에게서 무엇을 얻을까 하여 바라보거늘 베드로가 이르되 은과 금은 내게 없거니와 내게 있는 이것을 네게 주노니 나사렛 예수 그리스도의 이름으로 일어나 걸으라 하고 오른손을 잡아 일으키니 발과 발목이 곧 힘을 얻고 뛰어 서서 걸으며 그들과 함께 성전으로 들어가면서 걷기도 하고 뛰기도 하며 하나님을 찬송하니 모든 백성이 그 걷는 것과 하나님을 찬송함을 보고 그가 본래 성전 미문에 앉아 구걸하던 사람인 줄 알고 그에게 일어난 일로 인하여 심히 놀랍게 여기며 놀라니라 (행 3:1-10)

치료받는 사람의 믿음을 정죄하고 판단하지 말라

많은 치유사역자가 기도 후 치료가 되지 않으면 환자의 믿음을 정죄하곤 한다. "당신의 믿음이 부족해서 그래요." "믿음이 없으면 치료가 제대로 임하지를 않아요." 그러나 환자의 믿음만을 탓할 수 있을까? 치료는 처음부터 끝까지 성령님께서 하신다. 성령님은 치유하실 때 환자의 믿음을 보시고 조건부로 치료해 주시는 것이 아니다. 따라서 환자가 낫지 않은 것을 보고 오로지 그의 믿음 탓으로 돌리는 것은 잘못된 일이다.

성경에는 자신의 믿음으로 병이 나음 받은 사람들도 있지만, 곁에서 함께하는 가족, 상전, 하인, 친구들의 믿음으로 병이 나은 사람도 있다. 또한, 예수님과 잠깐의 만남으로 치료된 사람도 있다. 성경의 말씀에 근거하여 환자에게 믿음을 강요하지 않아도 되는 이유를 살펴보자.

친구들의 믿음으로 치유받은 중풍병자 | 누가복음 5장 17-26절

예수님께서 하루는 갈릴리에서 많은 사람에게 하나님 말씀을 가르치며 병 고치는 능력을 나타내고 계셨다. 그때 침대에 누워있는 중풍병자를 그의 친구들이 예수님께 보이고자 했다. 하지만 사람이 너무 많아서 예수님께 가까이 갈 방도를 찾지 못했고, 그들은 결국 지붕을 뜯고 천장에서 환자의 침대를 내렸다. 모여있던 많은 사람이 무례한 중풍병자와 친구들을 거세게 비난했다. 그러나 예수님께서는 "일어나 네 침상을 가지고 집으로 가라"고 하셨고, 중풍을 앓던 환자는 그 즉시 회복되어 침대에서 일어났다.

여기서 치유를 받기 위해 환자가 한 일이 무엇인가? 아무것도 없다. 중풍병자의 치유는 상식을 벗어난 친구들의 믿음의 행위를 통해 일어났다. 우리는 이 말씀을 통해 틀 안에 갇힌 믿음을 바꿔야 한다. 우리가 주장하는 '상식적인 믿음'은 하나님이 인정하시는 믿음과 크게 다르다. 우리가 가져야 할 믿음은 하나님께서 인정하시는 믿음이지, 고정관념에 갇힌 인간의 이성적인 믿음이 아니다. 여기서 우리가 눈여겨 마음에 새겨둬야 할 말씀이 있다. "예수께서 그들의 믿음을 보시고"(눅 5:20)라는 구절이다. 우리는 중풍병자의 친구들의 행동이 상식적으로 말이 안 된다고 생각하지만, 예수님께서는 그들의 행동을 통해 믿음을 보셨다고 말씀하셨다. 우리는 과연 누군가를 치유받게 하기 위해 자신의 체면과 상식을 깰 수 있는가?

믿음으로 하인을 낫게 한 백부장 | 마태복음 8장 5-13절

예수님께서 가버나움에 가셨을 때 한 백부장이 예수님께 병들어 있는 자신의 하인을 고쳐달라며 도움을 구했다. 예수님은 바로 가서 고쳐 주시겠다고 하셨지만 백부장은 "주여 내 집에 들어오심을 나는 감당하지 못하겠사오니 다만 말씀으로만 하옵소서 그러면 내 하인이 낫겠사옵나이다 나도 남의 수하에 있는 사람이요 내 아래에도 군사가 있으니 이더러 가라 하면 가고 저더러 오라 하면 오고 내 종더러 이것을 하라 하면 하나이다"(마 8:8-9)라고 했다. 이 말을 들은 예수님은 백부장의 믿음을 칭찬하셨다. 예수님은 백부장에게 "가라 네 믿은 대로 될지어다"(마 8:13)라고 말씀하셨고, 즉시 백부장의 하인이 나았다.

백부장의 하인이 치유된 말씀은 '중풍병자와 네 친구'의 이야기와는 다르다. 네 친구는 인간이 살아가며 지켜야 할 상식 밖의 일을 행했음에도, 예수님은 그들의 믿음의 행위를 보고 치료하셨다. 반면 백부장 하인의 중풍은 '믿음의 행위'가 아닌 단지 '믿음'만으로 치료가 된 것이다. 예수님이 극찬하신 백부장의 믿음은 하나님께서 약속하신 치유의 말씀만을 온전히 의지하고 신뢰하는 믿음이었다.

믿음으로 딸을 치유받게 한 수로보니게 여인 | 마태복음 15장 21-28절

예수님께서 두로와 시돈 지방으로 가셨다. 그때 한 여인이 예수님께 다급히 도움을 요청했다. 자신의 딸이 악한 귀신에 사로잡혔으니 구해달라는 것이었다. 하지만 예수님께서는 아무 대답도 하지 않으셨고, 심지어 제자들은 저 여자를 쫓아버려야 한다고 했다. 이때 예수님은 여인에게 이스라엘 사람이 아니어서 도와줄 수 없다고 했다. 그럼에도 여인은 도와달라고 절박하게 매달렸고, 예수님은 "자녀의 떡을 취하여 개들에게 던짐이 마땅하지 아니하니라"(마 15:26)라고 야속한 말씀까지 하셨다.

그러나 여인은 끝까지 포기하지 않았다. 여인이 "옳소이다마는 개들도 제 주인의 상에서 떨어지는 부스러기를 먹나이다"(마 15:27)라고 대답한 것이다. 그때 예수님은 여인의 믿음을 칭찬하시며, "여자여 네 믿음이 크도다 네 소원대로 되리라"(마 15:28)라고 하셨고, 여인의 딸은 자유함을 얻고 나왔다.

우리에게 또 하나의 도전을 주는 말씀이다. 수로보니게 여인과 같이 자녀가 귀신들려 있는 절박한 상황에 처했다고 생각해 보자. 권위자에게 도움을 요청했는데, 모욕적인 말을 듣는다면 어떨까? 예수님은 이런 상황에서 믿음을 시험하셨다. 수모와 멸시가 앞을 가로막아도 반드시 치유받을 것이라는 확신과 믿음이 있는지를 보셨다. 예수님이 칭찬하시는 큰 믿음과 우리가 생각하는 큰 믿음은 전혀 다른 차원이다. 과연 당신의 믿음은 어떠한가?

전문가의 말에 절망하지 말라

많은 사람이 전문가의 말 때문에 치유의 희망을 포기한다. 나 역시 절망적인 소견을 듣고 두려움에 빠진 사람을 많이 보았다. 그러나 이때, 생각과 마음을 점령하고 있는 두려움을 내쫓는 기도만 해 주어도 치유가 일어나는 경우가 많았다. 따라서 전문가의 소견이 절망적이라고 쉽게 체념하는 실수를 범하면 안 된다.

하나님이 내리신 불순종의 저주의 병은 인간의 방법으로 치료할 수 없으며, 하나님만이 치료하실 수 있다. 안타깝게도 교회가 이러한 치유의 절대적 공식과 해답을 모르고 있다. 두려움과 절망은 환자가 치유를 받지 못하는 가장 큰 이유이기도 하다.

이 책의 다음 파트에서 본격적으로 말하겠지만, 신명기 28장에서 말한 '불순종으로 인한 저주'의 병은 현대의학으로 풀 수 없는 불치병, 희귀병과 대다수 일치한다. 나는 예수를 믿는 전문의들과 대화할 기회가 제법 있었다. 그들은 "불치병, 희귀병은 원인을 알지 못하고, 치료할 수도 없는 병"이라며 대안을 내놓지 못했다. 그러나 예수님의 이름으로 아픈 이들을 위해 기도해 줄 때 실제로 많은 치유의 역사가 일어났다. 그때마다 나는 의사에게 "병원에서 치료할 수 없는 병이라면 하나님밖에는 방법이 없지 않으냐?"고 물었고, 그들은 항상 정확한 대답을 회피했다.

교회는 신명기에서 제시하는 '불순종에 의한 저주의 병'에 대해 전혀 대책을 내놓지 못했다. 정신병과 귀신들림이 저주의 병이라고 성경에 기록되어 있음에도, 신학교에서조차 병은 전문가에게 보내야 한다고 가르친다. 병원에서 고칠 수 있는 병은 당연히 병원에서 고치는 것이 맞다. 병원도, 의사도 하나님께서 주신 것이다. 하지만 병원에서 치료할 수 없다고 단정적으로 말하는 병인데도, 구태여 치료를 권하는 게 맞을까?

나는 현대의학에서 말하는 불치병과 희귀병 그리고 정신적인 병들이 신명기에서 말씀하고 있는 병인 것을 깨닫길 원한다. 불치병과 희귀병으로 고생하는 많은 환자와 가족에게 조금이라도 힘이 되길 바란다. 그리고 치료의 길은 예수님밖에 없음을 깨닫게 되길 원한다.

이제 예수 그리스도의 이름으로 기도하여 표적을 경험하는 일이 교회 안에서 상식이 되어야 한다. 그리할 때 다시 부흥의 불이 일어난다. 그 부흥의 중심에는 예수님이 집중적으로 행하셨던 3대 사역(가르치심, 설교하심, 치유하심)의 회복이 있어야 한다. 하나님이 내리신 저주의 병은 인간의 의학으로는 당연히 치유할 수 없다. 이제 교회와 성도는 예수님이 행하신 사역을 회복해야 한다. 그것만이 진정한 부흥이다.

'치유'와 '믿음'의 관계에 관해 내가 직접 겪은 이야기를 나누고 싶다. 2012년도 가을 집회 때 일어났던 일이다. 지붕에서 떨어져 다리 수술을 한 성도였는데, 집회 중에 기도를 받고 나음을 얻었다. 그는 성령님께 치유받자마자 목발을 던져버렸고 통증 없이 자연스럽게 성전을 서너 번이나 걸어 다녔다. 나는 성도에게 "집에 돌아갈 때 목발을 버리고 그냥 걸어가세요"라고 했다. 그는 그렇게 하겠다고 대답했지만, 집회 후에 멀쩡한 다리임에도 목발을 짚고 걸어갔다. 나는 그에게 물었다. "왜 목발을 짚고 가시나요?" 그는 이렇게 대답했다. "의사가 조심하라고 해서요." 그는 성령님의 치료를 경험했지만 전문가의 말을 더 의지했다. 이것이 어쩌면 우리의 신앙일지 모른다. 우리는 전문가의 말이 하나님의 말씀보다 더 능력이 있다고 생각하고 의지하는 시대를 살아간다. 이런 시대 가운데 우리는 어떻게 살아가야 할까? 거듭난 하나님의 자녀라면 하나님 말씀 앞에 엎드려 겸손하게 의지하기를 바란다.

불쾌한 일을 당하더라도 말씀대로 행하자

예수님은 12명의 제자들과 70인의 제자들에게 권세와 능력을 주시고 당부하시며 다음과 같이 말씀하셨다.

누구든지 너희를 영접하지 아니하거든 그 성에서 떠날 때에 너희 발에서 먼지를 떨어 버려 그들에게 증거를 삼으라 하시니 (눅 9:5)

나에게도 동일한 역사가 일어난 적이 있다. 2011년 봄, 아는 분으로부터 전화가 왔다. "어젯밤 지인의 아들에게 끔찍한 일이 생겼는데, 목사님이 기도 좀 해 주실 수 있으신가요?" 몇 시간 후 교회로 문제의 아들과 어머니가 찾아왔다. 캐나다 명문대 3학년이었던 아들은, 몇 년 사이에 6번이나 자살을 시도했다. 사건 당일 새벽 3시경에는 2층에서 아들이 "엄마! 엄마!" 하며 다급하게 소리쳤다. 놀란 엄마가 뛰어 올라갔더니, 아들이 이렇게 말했다. "엄마 저 칼을 치워줘! 저 칼이 자꾸 나보고 내 몸을 칼로 찌르라고 해!" 앞선 6번의 자살 시도와 함께 이날은 어머니에게 생각조차 하기도 싫은 끔찍한 사건이었다. 나는 아들과 많은 상담과 기도를 통해 죽음과 자살의 영을 끊어주었다.

다음 날 그 어머니에게서 전화가 왔다. "목사님, 한 번 더 기도해 주실 수 없을까요?" 나는 그 집으로 찾아가 아들을 위해 기도해 주었다. 그리고 그 집에는 같은 학교 1학년에 재학 중인 여동생이 있었는데, 별도로 기도 받고 싶어 했다. 여동생과 잠깐 상담을 하던 중, 그 또한 세 번이나 자살을 시도했다는 사실을 알게 되었다. 이를 듣고 남매의 어머니는 망연자실했다. 나는 여동생 역시 정성껏 기도해 주고 돌아왔다.

그런데 문제는 다음 날 일어났다. 이번 기회에 기도로 확실하게 이 참혹한 온상의 뿌리를 뽑아야겠다고 생각한 어머니가 다시 나에게 기도 부탁을 해온 것이다. 어머니는 "목사님, 어젯밤에 남편을 비롯한 온 가족이 처음으로 깊은 잠을 잤어요. 죄송하지만 한 번만 더 기도를 받을 수 있을까요?" 나는 마다하지 않고 찾아가서 남매와 어머니를 위해 상담과 기도를 해 주었다. 그러던 중 갑자기 남편이 집으로 들어오면서 나를 향해 소리쳤다. "어이! 우리 집에서 꺼져! 내가 귀신 들렸다는 말이냐? 이 집에서 당장 나가!" 자녀의 기도를 마무리하고 신발을 바닥에 탁탁 턴 후 그 집을 나왔다. 이후로 자녀들이 결혼도 하고 잘살고 있다는 소식이 들려왔다.

예수님은 지금 이 시대의 사역자에게 일어날 수 있는 무례한 일을 미리 내다보시고 이 말씀을 주신 게 아닐까? 우리는 어떤 일이 발생하더라도 말씀을 선포하고 기도하면 된다.

어느 동네에 들어가든지 너희를 영접하거든 너희 앞에 차려놓는 것을 먹고 거기 있는 병자들을 고치고 또 말하기를 하나님의 나라가 너희에게 가까이 왔다 하라 어느 동네에 들어가든지 너희를 영접하지 아니하거든 그 거리로 나와서 말하되 너희 동네에서 우리 발에 묻은 먼지도 너희에게 떨어버리노라 그러나 하나님의 나라가 가까이 온 줄을 알라 하라 (눅 10:8-11)

뿌리를 찾아
캐내라

잡초를 제거하려면 눈에 보이는 줄기와 잎만 제거해서는 안 된다. 땅 위에 드러난 줄기와 잎을 잘라내면 일시적으로는 문제가 해결된 것 같지만, 얼마 지나지 않아 다시 자라난다. 심지어 더 크게 자라나기도 한다. 뿌리부터 찾아 캐내야 확실하고 완벽하게 문제를 제거할 수 있다.

여호와의 말씀이니라 너희를 향한 나의 생각을 내기 아나니 평안이요 재앙이
아니니라 너희에게 미래와 희망을 주는 것이니라 (렘 29:11)

Uproot it

성경에 기록된
질병의 원인

병원에서 불치병이라는 진단을 받았을 때 취해야 할 태도는 무엇일까? 그저 체념해야 할까? 절대 그렇지 않다. 믿음으로 살아간다면 분명 소망이 있다. "하나님은 모든 죄를 사하시고 모든 병을 고치신다"(시 103:3)라고 성경이 증언하기 때문이다. 말씀을 먼저 붙잡아야 한다. 그리고 기도해 보자. 하나님께서 고치지 못할 병은 없다.

치유를 위해서는 먼저 발병의 원인을 찾는 것이 중요하다. 우리는 불치병과 희귀병에 박혀있는 저주의 뿌리를 성경에서 찾을 수 있다. 그것을 제거하는 법 또한 성경에 분명하고도 상세하게 기록되어 있다. 성경에서 인간의 힘으로 치료할 수 없는 병에 대해 말하는 이유는, 결국 오직 하나님만이 모든 불치병과 희귀병을 치료하실 수 있음을 알려주기 위함이다.

자신이나 이웃이 겪고 있는 병이 성경(특히 신명기)에서 말하고 있는 저주의 병이라면, 그것은 절망이 아니라 소망이다. 슬픔이 아니라 기쁨이다. 모든 것이 끝났다고 생각했던 죽음의 고통이 예수 그리스도의 부활의 새 생명으로 바뀌는 것을 체험할 수 있기 때문이다. 부활의 생명을 얻기 위해 우리는 이제부터 불치병과 희귀병의 원인인 저주의 뿌리를 찾아 그것을 통째로 캐내는 방법을 체험하게 될 것이다. 이렇게 경험되는 새로운 치유를 통해 우리가 모두 전인구원의 커다란 부흥의 역사를 이루어 나가는 데 쓰임 받기를 바란다.

CHAPTER 02 '저주의 뿌리'를 알아야 하는 이유

혹시 '저주'라는 단어가 어색하게 들리는가? 공포 영화에서나 나올 법한 단어라고 생각하는가? 그렇지 않다. 저주와 축복은 모두 성경에 근거하고 있다. 하지만 지금껏 한국 교회는 오직 축복만 가르치고, 저주라는 단어는 금기시해왔다. 저주는 축복과 마찬가지로 위로부터 아래로 흘러 내려오는 성질을 가진다. 조상 중 누군가가 저주받을 행위를 했다면, 대대손손 그 영향을 받는다. 그러므로 우리는 저주의 뿌리를 캐내기 위해 먼저 가계도를 살펴보아야 한다. 최대한 많은 정보를 수집하여 자신, 부모, 그리고 조상이 지었던 죄를 회개하고 저주를 끊어야 한다. 여기서 기억해야 할 것은, 자손에게 저주가 임하기를 원한 사람은 없다는 것이다. 따라서 그 원인을 찾는 것은 저주의 결과를 누군가의 탓으로 돌리기 위함이 아니다. 오직 저주의 원인을 알고, 묶인 것을 깨끗하게 풀기 위함이다. 우리는 예수님의 보혈을 힘입어 저주를 축복으로 바꾸어야 한다.

가정과 가족사에 흐르는 질병의 고통을 생각해 보면, 저주의 뿌리를 조금도 가볍게 여길 수 없다. 믿음의 사역자라면 사랑하는 성도들에게 이 사실을 확실하게 가르쳐야 한다. 성도가 고통의 원인인 저주의 뿌리를 찾아 뽑아내도록 인도해야 한다. 저주의 자리가 축복의 자리로 바뀌도록 성령으로 이끌어야 한다.

CHAPTER 03 우상숭배=불순종

성경이 말하는 우상숭배에는 두 종류가 있다. 하나는 하나님을 버리고 다른 신을 숭배하는 행위이고, 다른 하나는 하나님을 섬기는 동시에 다른 우상을 섬기는 행위이다. 구약성경에 나타난 우상숭배는 대부분 두 번째에 해당한다. 이스라엘 백성은 하나님과 동시에 다른 우상을 섬기는 경우가 대부분이었다. 하나님께서 우상숭배로 인해 이스라엘을 책망하실 때도 이스라엘에는 여전히 성전이 존재하고 있었다. 제사장도 있었고, 성전에서 제사를 통해 하나님을 섬기는 행위가 계속되고 있었다. 문제는 백성이 하나님을 섬기면서 다른 신도 동시에 섬기는 것이었다. 그 대표적인 사례가 바알과 아스다롯을 섬기는 행위였다.

바알과 아스다롯은 성경에 등장하는 대표적인 우상으로, 풍요를 가져다주는 신이었다. 이스라엘에는 민족을 구원하신 창조주 하나님이 계셨지만, 그들은 하나님 한 분만을 섬기는 신앙에 만족하지 못하고, 바알과 아스다롯을 더불어 섬겼다. 우상숭배는 하나님께서 가장 싫어하시는 행위이다. 하나님께서는 십계명을 통해 "나 외에는 다른 신을 섬기지 말라"고 하셨다. 그럼에도 불구하고 이스라엘은 끊임없이 우상숭배의 유혹에서 벗어나지 못했다.

왜 그랬을까? 그것은 바로 인간의 근본적인 죄악 중의 하나인 탐심 때문이다. 성경은 탐심이 곧 우상숭배라고 말씀한다. 어떤 모양이나 형상을 새겨서 절하고 복을 비는 것도 우상숭배이지만, 마음으로부터 생기는 욕심이나 정욕을 제어하지 못하고 그것에 따라 사는 것도 우상숭배이다. 물질, 권력, 자식, 도를 넘는 집착(물질이나 물건, 사건 등) 등도 우상숭배에 해당한다. 우리는 이러한 형태의 우상숭배에 주목해야 한다. 바로 오늘날에도 동일한 형태의 우상숭배가 이루어지고 있기 때문이다.

오늘날에는 교회 안에서 우상숭배가 이루어진다는 데 심각성이 있다. 성도가 매주 모여서 예배하고 하나님의 이름을 부르지만, 물질에 우선순위를 두고 하나님의 계명을 포기하고 산다면 그 또한 우상숭배이다. 하나님께서는 말씀에 순종하는 것이 제사보다 낫다고 말씀하셨다. 이러한 영적 간음을 깨끗하게 청산해야 우상숭배의 죄에서 벗어날 수 있다.

따라서 우리가 기억할 것은 하나님께서 '저주의 뿌리'에 대해 십계명을 통해 단호하게 말씀하셨다는 사실이다. 또한 우상을 섬기는 죄의 대가도 말씀하셨다. 우상을 섬김으로 인해 하나님께서 내리시는 심판 앞에서 수없이 멸망에 처했던 이스라엘의 모습이야말로 우리에게 교훈을 일러준다. 또한, 우상에 대해 단호히 결단해야 함을 보여준다.

너는 나 외에는 다른 신들을 네게 두지 말라 너를 위하여 새긴 우상을 만들지 말고 또 위로 하늘에 있는 것이나 아래로 땅에 있는 것이나 땅 아래 물 속에 있는 것의 어떤 형상도 만들지 말며 그것들에게 절하지 말며 그것들을 섬기지 말라 나 네 하나님 여호와는 질투하는 하나님인즉 나를 미워하는 자의 죄를 갚되 아버지로부터 아들에게로 삼사 대까지 이르게 하거니와 나를 사랑하고 내 계명을 지키는 자에게는 천 대까지 은혜를 베푸느니라 너는 네 하나님 여호와의 이름을 망령되게 부르지 말라 여호와는 그의 이름을 망령되게 부르는 자를 죄 없다 하지 아니하리라 (출 20:3-7)

불순종

불순종이란 하나님 이외의 신, 즉 우상을 섬기는 행위를 금하신 하나님의 말씀을 지키지 않고 우상숭배 하는 것을 뜻한다. 불순종에 대해 성경은 이렇게 말씀한다.

여호와께서 미워하시는 것 곧 그의 마음에 싫어하시는 것이 예닐곱 가지이니 곧 교만한 눈과 거짓된 혀와 무죄한 자의 피를 흘리는 손과 악한 계교를 꾀하는 마음과 빨리 악으로 달려가는 발과 거짓을 말하는 망령된 증인과 및 형제 사이를 이간하는 자이니라 내 아들아 네 아비의 명령을 지키며 네 어미의 법을 떠나지 말고 그것을 항상 네 마음에 새기며 네 목에 매라 (잠 6:16-21)

바울도 하나님 나라를 얻지 못하는 불순종의 죄를 갈라디아서에 명백하게 기록했다. 하나님의 자녀 된 우리가 불순종하며 살다가 하나님 나라에 들어갈 수 없다면 그보다 더 억울한 일이 있을까? 성도는 주님 앞에 서는 날이 다가옴을 기억하며 살아야 한다.

> 육체의 일은 분명하니 곧 음행과 더러운 것과 호색과 우상 숭배와 주술과 원수 맺는 것과 분쟁과 시기와 분냄과 당 짓는 것과 분열함과 이단과 투기와 술 취함과 방탕함과 또 그와 같은 것들이라 전에 너희에게 경계한 것 같이 경계하노니 이런 일을 하는 자들은 하나님의 나라를 유업으로 받지 못할 것이요 (갈 5:19-21)

사실 갈라디아서 5장 19-21절 말씀은 아담의 불순종으로 인하여 타락한 인간으로서는 도저히 지킬 수 없는 말씀이다. 이 말씀을 평생 다 지키며 살 수 있는 사람은 거의 없을 것이다. 문제는 교회와 세상을 동시에 섬기는 자들이 보이지 않는 곳에서 하나님의 말씀을 경홀히 여기고, 죄를 지어도 죄책감조차 느끼지 않는다는 것이다.

한국의 기독교 역사는 그리 길지 않다. 아무리 길게 계산해도 150년이 조금 넘는다. 그러다 보니 우리 조상 중에 우상을 섬기지 않은 가정은 거의 없을 것이다. 그렇다고 조상으로부터 내려온 저주를 탓하기만 해서는 안 된다. 우리는 우상숭배를 통해 내려온 저주의 뿌리를 찾아내어 회개해야 하는 데 초점을 맞추어야 한다. 교회는 성도의 조상이 저질렀던 불순종의 죄를 회개하고, 성도가 하나님보다 더 사랑하는 우상이 있다면 회개하도록 인도해야 한다. 이것이 우상과 미신을 섬겼던 불순종의 저주로 인해 생겨난 불치병으로부터 자유함을 얻을 수 있는 유일한 방법이며, 교회의 사명이다.

우상

우상이란 하나님을 대신하는 모든 것으로, 가짜 하나님이며, 인간들이 '만들어낸' 신(神)이다. 왜 인간은 우상을 만들고 그 우상을 하나님처럼 섬길까? 바로 탐욕 때문이다. 이스라엘 백성의 끊임없는 죄악의 내용을 살펴보면, 그들은 애굽의 종살이에서 해방해 주신 창조주 하나님을 버리고, 자신들의 필요에 따라 우상을 만들곤 했다.

또한 우상은 형상뿐만 아니라 타락한 인간의 마음까지 포함한다. 타락한 인간은 자신에게 필요한 우상을 만들어낸다. 그리고 인간이 깨닫지 못하는 순간에도 돈, 권력, 섹스와 같은 수많은 탐욕의 부산물이 우상으로 변한다. 우상숭배는 이스라엘 역사에서 수없이 반복되었다. 하나님을 섬겨야 할 이스라엘은 약속의 땅 가나안에서 가나안의 신과 고대 근동의 우상을 숭배했다. 이스라엘의 우상숭배는 개인뿐 아니라 민족의 흥망성쇠를 좌지우지했다. 그러나 하나님은 이스라엘을 향한 사랑을 끝까지 거두지 않으시고 선지자들을 통해 우상을 떠나 다시 돌아올 것을 끊임없이 촉구했다. 이는 오늘날도 마찬가지이다.

다양한 우상숭배

'우상숭배'라고 하면 막연하게 느껴진다. 판타지적 요소가 필요할 것

같기도 하고, 어떤 형상 앞에서 절을 해야 할 것 같다. 그러나 한국인들에게 우상숭배는 멀리 있지 않다. 다들 가족이나 이웃이 우상 섬기는 모습을 보았을 것이다.

어릴 적 우리 집안은 불교를 믿었다. 동시에 갖가지 우상과 미신을 함께 섬긴 할머니의 영향으로 고사가 끊이질 않았다. 스님, 점쟁이, 무당 등이 아버지의 사업장을 들락날락했다. 먹고 살기 힘들었던 당시, 우리 집에서 행하는 고사와 푸닥거리는 동네 사람들의 주린 배를 채워주기도 했다. 그러나 우리 가족은 미신과 우상숭배가 인생을 저주로 묶을 것을 전혀 알지 못했다. 시간이 흘러 나는 예수 그리스도를 영접했지만, 신앙생활을 하면서도 묶여있는 저주의 뿌리에 대해 알지 못했다. 신명기 28장의 말씀을 받고 나서야 우상숭배에 따른 저주에 대해 확실히 알게 되었으며, 성도를 위해 기도해 주면서 우상을 섬겼던 조상들의 행위가 자손들에게 얼마나 무서운 저주와 해악으로 내려오는지 직접 보게 되었다.

이런 체험을 통해 나는 저주의 문제가 단지 예수님을 영접하고 구원의 확신을 가지는 것만으로 해결될 수 있는 것이 아님을 깨달았다. 조상이 미신과 우상을 섬기며 죄를 지었다는 사실을 알았다면, 모든 죄악을 철저하고 깨끗하게 회개해야 한다.

교회 안에서는 '저주'라는 단어가 사라진 지 오래다. 이단의 문제와 연결되다 보니 언급하기 꺼려지는 것이 사실이다. 심지어 '회개', '지옥', '심판'의 언급조차도 사라졌다. 그러나 예수 그리스도를 영접했다면 미신과 우상숭배를 철저하고도 단호하게 끊어버려야 한다. 장난이라도 허용해서는 안 된다. 이는 인생의 마지막 심판 때에 축복과 저주 중 무엇을 선택할 것인가와 직결되는 문제이다.

우상을 섬기는 사람의 마음가짐

성경은 우리에게 "욕심, 탐심 등의 악한 마음을 가지는 것 또한 우상숭배이다"라고 분명히 말씀한다.

그러므로 땅에 있는 지체를 죽이라 곧 음란과 부정과 사욕과 악한 정욕과 탐심이니 탐심은 우상 숭배니라 (골 3:5)

뼈의 질병으로 인해 지옥 같은 인생을 살아가는 사람들에게 어떻게 살아가야 할지를 분명히 가르쳐주는 말씀이다. 성도는 다툼과 시기와 분노의 소용돌이 속에서 벗어나 하나님 나라의 속성인 평강과 기쁨이 넘치는 삶을 살아가야 한다.

평온한 마음은 육신의 생명이나 시기는 뼈를 썩게 하느니라 (잠 14:30)

입으로 한 모든 저주를 취소하라

별 뜻 없이 습관적으로 내뱉은 말 한마디가 인생을 저주로 묶어 버린다는 것을 알고 있는가? 하나님께서 지으신 입술에는 강력한 능력이 있기 때문에 자신, 가족, 친구, 이웃에게 한 모든 저주와 부정적인 언어를 취소해야 한다. 일상생활에서 일부러 혹은 장난으로 또는 무의식적으로 뱉었던 모든 악한 말들을 회개하라. 입으로 행한 말은 무익한 말이라도 심판을 받는다.

내가 너희에게 이르노니 사람이 무슨 무익한 말을 하든지 심판 날에 이에 대하여 심문을 받으리니 (마 12:36)

아무런 생각 없이 불쑥 던진 말이 스스로를 옭아매는 그물이 된다.

악인은 입술의 허물로 말미암아 그물에 걸려도 의인은 환난에서 벗어나느니라 사람은 입의 열매로 말미암아 복록에 족하며 그 손이 행하는 대로 자기가 받느니라 (잠 12:13-14)

우리의 말은 열매를 맺는다.

죽고 사는 것이 혀의 힘에 달렸나니 혀를 쓰기 좋아하는 자는 혀의 열매를 먹으리라 (잠 18:21)

그러므로 선한 말로 다른 이들에게 은혜를 끼치라.

무릇 더러운 말은 너희 입 밖에도 내지 말고 오직 덕을 세우는 데 소용되는 대로 선한 말을 하여 듣는 자들에게 은혜를 끼치게 하라 (엡 4:29)

Uproot it

CHAPTER **04** # 성령님과
회개의 관계

성령과 회개는 매우 밀접하다. 성령세례를 받기 위해서는 회개가 선행되어야 한다. 인간은 회개를 통해 죄 사함을 얻고 성령을 받는다.

> 베드로가 이르되 너희가 회개하여 각각 예수 그리스도의 이름으로 세례를 받고 죄 사함을 받으라 그리하면 성령의 선물을 받으리니 이 약속은 너희와 너희 자녀와 모든 먼 데 사람 곧 주 우리 하나님이 얼마든지 부르시는 자들에게 하신 것이라 하고 (행 2:38-39)

회개로 바뀐 인생[1] | 열왕기하 5장 14-27절, 7장 5-9절, 8장 4-5절

우리는 엘리사의 사환 게하시를 통해 불순종의 당사자뿐 아니라 자손

---

1) 나의 논문 「영원한 현재를 통한 하나님나라의 권능과 치유」에 더 자세히 나와 있다.

까지 저주의 질병을 받게 된다는 사실을 확인했다. 또한 게하시가 회개하고 하나님께로 돌아왔을 때, 건강을 비롯한 모든 것이 회복된 모습도 볼 수 있었다.

나아만 장군은 하나님의 사람 엘리사의 말에 순종하여 나병을 치유받았다. 나아만은 엘리사에게 답례를 주고 싶었지만 엘리사는 거듭 사양했다. 나아만 장군은 준비했던 선물을 다시 들고 본국으로 돌아갔다. 그런데 엘리사의 사환이었던 게하시가 선물에 욕심을 내었다. 그는 장군을 뒤쫓아가 엘리사가 선물을 받아오라고 했다며 거짓말을 했다. 그는 선물의 일부를 받아 자신의 집에 감추었다. 엘리사는 돌아온 게하시에게 어딜 다녀왔는지 물었고, 게하시는 아무 데도 가지 않았다고 다시 거짓말을 했다. 이미 영을 통해 어떤 일이 벌어졌는지 다 알고 있었던 엘리사는 게하시에게 나병이 너와 네 자손에게 붙어 떠나지 않을 것이라고 저주했다. 게하시는 엘리사의 방에서 나오자마자 온몸이 나병으로 하얗게 뒤덮였다.

시간이 흘러 이스라엘과 시리아 사이에 전쟁이 일어났다. 시리아 군이 도망갔다는 것을 발견한 나병환자 게하시와 그의 세 자식은, 텅 빈 진영에서 먹고 마시며 값나가는 것들을 챙겼다. 그러나 문득 과거와 같은 죄를 지어서는 안 된다는 것을 깨닫고, 왕궁으로 가서 시리아 진영이 비어있다는 사실을 알렸다. 회개한 게하시는 깨끗하게 나았고 왕 앞에 나아가 엘리사가 살린 수넴 여인의 아들 이야기(왕하 4:8-37)를 전했다.

게하시는 앞서 죄를 지을 수 있었던 자리에서, 과거 나병에 걸렸던 순간을 기억하고 회개하고 돌아섰다. 이로써 그는 나병을 치료받고 왕 앞에 나아가 과거 엘리사와의 아름다운 추억을 이야기할 수 있게 되었다. 하나님이 우리에게 원하시는 것은 이러한 모습이다. 과거 어떤 죄를 지었어도, 회개하고 말씀으로 살아간다면 하나님께서는 범사가 잘되게 해 주신다.

Uproot it

CHAPTER 05

용서를 통한
치유와 회복

온전한 회복을 바란다면 용서는 필수다. 그리스도의 강력한 능력은 수없이 많은 죄를 짓고, 예수님을 십자가에 매단 우리를 용서함에서 나왔다. 우리도 예수님과 같이 이웃을 용서한다면 놀라운 치유를 경험할 수 있다. 진정한 용서는 '절대 용서할 수 없는 사람'을 용서하는 것이다. 용서는 '가해자'를 위한 것이 아니다. 자신을 위한 것이다. 하지만 말처럼 쉬운 문제가 아니다. 우리 힘으로는 할 수 없기 때문에 우리는 용서하는 마음을 성령님께 구해야 한다.

용서의 문제를 해결하지 못해 중병에 걸려 고생하는 사람을 많이 보았다. 그들은 하나 같이 미움과 증오심 그리고 원망으로 마음을 가득 채우고 있었다. 그러나 성령님께 의지하여 용서하는 마음을 구할 때, 성령님은 원한과 미움과 증오심으로 가득했던 마음을 녹여 주셨다. '가해자'를 용서한 순간 육체를 옭아매고 있던 악한 영들이 떠나갔다. 용서의 능력이 중병(重病)의 옥문을 열어주었다. 그만큼 용서와 치유와 회복은 아주

밀접한 관계가 있다.

> 너희가 사람의 잘못을 용서하면 너희 하늘 아버지께서도 너희 잘못을 용서
> 하시려니와 너희가 사람의 잘못을 용서하지 아니하면 너희 아버지께서도 너
> 희 잘못을 용서하지 아니하시리라 (마 6:14-15)

> 누가 누구에게 불만이 있거든 서로 용납하여 피차 용서하되 주께서 너희를
> 용서하신 것 같이 너희도 그리하고 (골 3:13)

> 너희는 스스로 조심하라 만일 네 형제가 죄를 범하거든 경고하고 회개하거
> 든 용서하라 만일 하루에 일곱 번이라도 네게 죄를 짓고 일곱 번 네게 돌아
> 와 내가 회개하노라 하거든 너는 용서하라 하시더라 (눅 17:3-4)

> 너희는 모든 악독과 노함과 분냄과 떠드는 것과 비방하는 것을 모든 악의와
> 함께 버리고 서로 친절하게 하며 불쌍히 여기며 서로 용서하기를 하나님이
> 그리스도 안에서 너희를 용서하심과 같이 하라 (엡 4:31-32)

요셉의 용서 | 창세기 50장 15-21절

창세기에 나오는 요셉은 인간이 할 수 있는 최고의 용서를 했다. 누가
자신을 고난에 빠뜨리고 심지어 목숨까지 빼앗으려고 한 사람을 용서할
수 있을까? 요셉의 형제들은 요셉을 죽이려다가, 결국 노예로 팔아버렸

다. 또한, 보디발의 아내는 죄 없는 요셉을 모함하여 감옥에 가게 했다. 이런 사람들을 어떻게 용서할 수 있을까? 우리는 불가능할 것만 같지만 요셉은 하나님 안에서 모든 원한과 증오심을 버렸다. 미움, 분노, 복수심 등을 품고 살아가지도 않았다. 그는 자신을 괴롭게 만든 자들을 모두 용서했다. 요셉의 용서는 인생을 풀어주고 형통의 길로 인도하는 하나님의 마음이다. 성경은 우리에게 요셉과 같이 용서하며 사는 것이 복된 삶임을 가르쳐 주고 있다.

• 8년간 입이 심하게 뒤틀리고 불면증에 시달렸지만
  용서를 통해 치유된 성도

2011년 봄, 우리 교회 권사님의 인도로 주일예배에 참석한 여성 성도가 있었는데, 예배 중에 눈이 마주칠 때면 입이 뒤틀려 있어 보기가 민망스러울 정도였다. 그 성도는 한의학적 진단으로 '구안와사'를 앓고 있었다. 예배가 끝나고 인사를 나눌 때 권사님이 나에게 구안와사의 치료를 위해 기도해 달라고 부탁했다. 나는 잠시만 성전 안에서 기다려 달라고 한 후, 인사가 끝나자마자 성도에게 다가가 기도를 하고자 했다. 그때 갑자기 '용서'라는 단어가 떠올랐다. 나는 그 성도에게 "누구를 용서하지 못하는 사람이 있느냐?"라고 물었다. 성도는 듣자마자 "우리 엄마요!"라고 말했다. 당시 그분이 65세였으니 어머니는 최소 85세였을 것이다. 나는 "낳아주시고 길러주신 어머니를 용서하지 못해서는 안 되지요. 용서는 나를 위해 합니다. 용서하세요"라고 했다. 그러자 그분은 내 말이 떨어지기 무섭게 큰 소리로 "못 해! 나는 우리 엄마를 용서 못해!" 하고 고함쳤다. 얼마나 난리를 치는지 밖에 있던 성도들까지 놀라서 뛰어

들어왔다. 나는 그분에게 십자가를 바라보며 "성령님, 우리 엄마를 용서합니다"라고 따라 해 보라고 했다. 그러나 계속해서 "용서 못 한다!"라고 말하며 펄펄 뛸 뿐이었다. 나는 포기하지 않고 거듭해서 말했다. "십자가를 바라보세요. 그리고 따라서 해 보세요! 성령님, 우리 엄마를 용서해요." 꽤 긴 시간 동안 실랑이를 벌였다. 그러다 성도님은 갑자기 한숨을 크게 쉬더니 "성령님, 우리 엄마를 용서합니다!"라고 말했다. 이 말을 마친 후, 기도해드리기 위해 그분 머리에 손을 얹자마자 뒤틀렸던 입이 제자리로 돌아왔다. 고무줄을 당겼다가 놓으면서 제자리로 돌아오듯 순식간에 정상으로 돌아왔다. 흉측스럽던 얼굴이 정상으로 돌아온 모습을 목격한 모든 성도가 놀랐다. 그뿐만 아니라 이후에 불면증이 사라졌다고 전했다. 용서는 우리가 상상할 수 없는 치유의 능력이다.

• 18년간 듣지 못했던 성도

2017년 10월 부산 집회 중, 교통사고 후유증으로 18년간 듣지 못하던 한 성도를 성령님께서 고쳐 주셨다. 그 집회는 오전과 오후로 나눠서 3일간 6번의 집회로 열렸다. 청각장애를 갖고 있던 성도는 전혀 듣지 못하면서도 집회 첫날 첫 시간부터 자리를 한 번도 뜨지 않았다. 그러다 보니 나도 그 성도에게 더 관심을 두고 기도를 해 주었다. 그러나 최선을 다했음에도 5번 집회까지 조금도 반응이 없었다. 마지막 6번째 시간, 그분을 위해 기도하는데 갑자기 '용서'라는 단어가 떠올랐다. 그 성도가 듣지를 못하기에 종이에 이렇게 썼다. "용서하지 못하는 마음과 미움과 증오심과 억울한 마음을 십자가를 바라보며 청산하라." 그 글을 읽는 순간, 그 성도는 "나는 못 나간다! 내가 이 안에 얼마나 오래 있었는데, 절대 못 나간다!"라고 큰소리로 고함을 지르기 시작했다. 축사가 나타나기 시작한 것이다. 청각장애를 입게 만든 교통사고 가해자를 원망하며 끝없는 미움과 증오심을 갖고 살아가게 한 것은 악한 영들이었다. 이렇게 듣지 못하게 해온 악한 영이 드러나고 축사가 끝나자 그 성도는 18년간 앓았던 청각장애로부터 자유함을 얻었다.

신명기에 기록된 질병과 저주

신명기 28장 15절 이하 말씀을 보면 무시무시한 저주와 질병이 나열되어 있다. '저주와 질병'은 추상적인 개념이 아니다. 신명기 말씀을 자세히 보면, 하나님께서는 불순종에 따른 저주와 병들에 대해 분명하고 자세하게 말씀하고 있다.

너를 위하여 새긴 우상을 만들지 말고 또 위로 하늘에 있는 것이나 아래로 땅에 있는 것이나 땅 아래 물속에 있는 것의 어떤 형상도 만들지 말며 그것들에게 절하지 말며 그것들을 섬기지 말라 나 네 하나님 여호와는 질투하는 하나님인즉 나를 미워하는 자의 죄를 갚되 아버지로부터 아들에게로 삼사 대 까지 이르게 하거니와 나를 사랑하고 내 계명을 지키는 자에게는 천 대까지 은혜를 베푸느니라 (출 20:4-6)

Uproot it

하나님께서 내리신 저주의 말씀을 깨달아야 하는 이유

가끔 "예수를 믿으면 그 순간 저주가 사라져서 불순종의 저주로 인한 병은 있을 수 없다"라고 말하는 사람들이 있다. 그러나 완전히 옳은 말이라고는 할 수 없다. 예수님은 모든 죄를 십자가에서 사하셨지만, 하나님의 자녀가 된 이후에도 우리는 말할 수 없을 정도로 많은 죄를 지으며 살아간다. 계속된 죄 때문에 저주에 묶이기도 한다. 따라서 우리는 예수 그리스도 안에 들어와 예수님을 나의 구주로 영접한 후에도 우상과 미신을 섬겼던 저주의 뿌리를 캐내기 위해 회개하며 기도해야 한다. 그 회개를 통하여 죄 사함을 얻고 성령을 선물로 받아야 한다.

집에 들어가시매 제자들이 조용히 묻자오되 우리는 어찌하여 능히 그 귀신을 쫓아내지 못하였나이까 이르시되 기도 외에 다른 것으로는 이런 종류가 나갈 수 없느니라 하시니라 (막 9:28-29)

Uproot it

CHAPTER 02   불순종의 저주에서
            자유함을 얻은 사람들

신명기에 기록된 불순종의 저주는 우리의 인생에 어떤 모습으로 나타나는가? 그 질병에 대해 현대의학이 어떻게 진단하든 상관없다. 성도는 오직 하나님의 말씀을 기억해야 한다.

오직 하나님이 성령으로 이것을 우리에게 보이셨으니 성령은 모든 것 곧 하나님의 깊은 것까지도 통달하시느니라 (고전 2:10)

성령님을 의지하여 기도하면 질병의 실체를 알게 되고, 저주의 병들을 치료하시는 전지전능하신 하나님을 만나 치유함을 받는다. 불순종의 저주가 축복으로 바뀜을 경험하는 것이다. 더불어 성령님의 놀라운 은혜로 불순종의 마음이 순종하는 마음으로 바뀌며, 예수 그리스도 안에서 하나님 나라를 체험하게 된다.

신명기 28장 15-20절 | 저주로 인한 악몽과 가위눌림

네가 만일 네 하나님 여호와의 말씀을 순종하지 아니하여 내가 오늘 네게 명령하는 그의 모든 명령과 규례를 지켜 행하지 아니하면 이 모든 저주가 네게 임하며 네게 이를 것이니 네가 성읍에서도 저주를 받으며 들에서도 저주를 받을 것이요 또 네 광주리와 떡 반죽 그릇이 저주를 받을 것이요 네 몸의 소생과 네 토지의 소산과 네 소와 양의 새끼가 저주를 받을 것이며 네가 들어와도 저주를 받고 나가도 저주를 받으리라 네가 악을 행하여 그를 잊으므로 네 손으로 하는 모든 일에 여호와께서 저주와 혼란과 책망을 내리사 망하며 속히 파멸하게 하실 것이며

불순종으로 인한 저주는 가정을 파괴하고 자녀의 인생을 묶는다. 게다가 가정에 속한 소유까지도 고통받을 것이라고 말씀한다. 이 말씀은 우리가 말씀에 순종하여 가정과 모든 소유물을 축복받는 인생으로 돌려놓도록 하시려는 하나님의 명령이다. 수천 년 전에 경고하셨던 말씀이 지금 이 시대에도 정확하게 적용된다는 사실이 놀랍지 않은가? 우리는 믿음 안에서 살아가는 성도로서 신명기 말씀을 통해 저주의 질병이 무엇인지를 알고, 불순종의 저주를 모두 끊어버림으로 강건하게 살아가야 할 것이다.

• 매 맞은 듯 온몸에 멍이 들고 늘 악몽에 시달리는 삶

한 교회의 성도였던 어머니와 딸은 미래가 궁금해 점괘와 사주팔자라면 만사를 제쳐놓고 쫓아다녔다. 미신으로부터 벗어나지 못하고 엉터리 신앙생활을 한 것이다. 집안 형편은 넉넉했지만 어찌 된 일인지 부모나 자식의 인생이 제대로 풀리지 않았다.

2017년 2월 딸이 34세의 나이로 결혼을 했다. 하지만 얼마 지나지 않아, 악몽에 시달리기 시작했다. 결혼 전에도 악몽을 종종 꾸었지만, 결혼 후에는 더욱 극심했다. 악몽을 꾸고 난 다음 날 아침에는 온몸이 매를 맞은 것처럼 아파서 일어나지 못할 정도였다. 오후 늦게 겨우 일어나 살펴보면 온몸이 멍투성이였다. 특히 무릎에서 발목까지에는 실제 구타를 당하지 않았다고는 믿을 수 없을 만큼 시커먼 멍이 들어 있었다. 누구에게 말할 수도 없고, 설령 보여준다고 해도 이해할 수 없는 상황이 벌어진 것이다. 저녁 늦게 남편이 퇴근하자, 아내는 무서워서 살 수 없다며 친정으로 돌아가겠다고 막무가내로 울어댔고, 남편은 그런 아내를 이해할 수 없었지만 열심히 달래주었다.

그로부터 3일 후, 새벽에 물을 마시기 위해 일어난 남편의 눈에 새까만 형체 보였다. 침대 끝에 한 남자가 있었다. 남편은 잘못 본 것일까 하여 머리를 몇 번이고 흔들었지만 분명히 사람의 형태였다. 그제야 남편은 아내가 말한 귀신의 존재를 이해하게 되었다. 다음 날 자매는 내게 전화하여 기도 요청을 했다. 무릎에서 발목에 이르는 멍투성이 사진도 보내왔다. 나는 즉시 전화로 귀신을 쫓아내는 기도를 해 주었다. 전화를 끊고 사흘이 지나, 자매는 감사의 인사와 함께 멍이 다 사라졌다며 사진을 보내왔다.

• 밤마다 악한 영에 이끌려 다니는 여학생

2009년 6월경 딸이 한 여학생을 위해 기도해 달라고 했다. 24살 된 유학생인데, 밤 12시에서 새벽 2시 사이에 하루도 거르지 않고 기숙사를 빠져나가 누군가와 술을 마시고 자기도 한다는 것이다. 해가 뜰 무렵이면 숙소로 돌아오기는 하지만, 누구와 술을 먹고 잤는지 기억나지 않는다고 했다. 그러다 증상이 점점 더 심각해져서 죽고 싶은 생각까지 든다고 했다. 다음 날, 여학생을 만나 상담하고 기도해 주었다. 여학생을 돌려보내며 이렇게 말했다. "오늘 밤부터 2~3일 내로 새벽에 갑자기 위험에 처할 것 같거나 기도를 받아야겠다 싶으면 새벽 1시가 되었든 3시가 되었든 언제라도 꼭 전화하세요." 이틀 후 새벽 1시 30분에 전화벨이 울렸다. 전화를 받자마자 여학생은 숨넘어가는 소리로 "살려주세요!"라고 비명을 질렀다. 나는 전화에 대고 곧장 죽음의 영과 자살의 영을 먼저 끊고 내쫓았다. 학생을 진정시킨 다음, 한숨 자고 교회로 찾아오라고 했다. 여학생은 다음 날 일찍 교회에 찾아와 기도 받고, 40일 동안 새벽기도와 예배에 참석했다. 40일간 그는 몸과 영을 모두 회복하고 건강을 되찾았다. 그로부터 10년이 지난 2019년 10월, 그녀는 당시 교회의 기도로 인해 토론토에서 잘 살고 있다며 감사 연락을 해왔다.

여학생은 자신이 우상이나 미신을 섬겼던 것도 아니었다. 그러나 이처럼 이유도 모른 채 하는 일마다 좌절당하고 악몽에 시달리는 경우가 수없이 많다. 악한 영에 눌리는 근본 뿌리가 조상들이 섬겼던 우상과 미신에 있음을 알고 그 뿌리를 찾아 캐내어야 성경에서 말씀하는 저주의 병에서 치료받을 수가 있는 것이다.

신명기 28장 21절 | 저주의 병(염병)

여호와께서 네 몸에 염병이 들게 하사 네가 들어가 차지할 땅에서 마침내 너를 멸하실 것이며

성경에서 말하는 염병이란 통상적으로 장티푸스를 의미하지만, 사전적 의미를 살펴보면 세균과 바이러스 등에 의한 전염병을 통틀어 가리킨다. 장티푸스는 주로 오염된 물이나 음식물을 통하여 발병하는데, 우리나라에서도 한국전쟁이 끝난 후 전역에 퍼져 수많은 환자에게 상처를 남겼다. 그뿐만 아니라 콜레라, 천연두, 홍역, 결핵 등이 나라를 뒤흔들기도 했다.

하나님께서 불순종한 자들에게 염병을 내리셨음을 성경 곳곳에서 볼 수 있다. 민수기 25장 1-9절을 보면, 이스라엘 백성이 싯딤에서 모압 여자들과 음행을 저지르고, 그들의 신인 바알브올에게 절을 하자 하나님께서는 진노로 염병을 내리셨다. 에스겔 28장 20-24절을 보면, 바알, 아스다롯, 담무스 등 우상의 본거지인 시돈을 파괴하시고 염병을 내려 영광과 거룩을 스스로 드러내셨다. 또한, 레위기 26장 23-26절에는, 불순종으로 인한 하나님의 진노에도 회개치 않고, 오히려 맞서 대항한 자들에게 염병과 재앙을 내리셨다고 기록되어 있다. 그리고 예레미야 32장 32-36절에서, 하나님께서는 우상숭배가 율법에 대한 무지가 아니라 오만에서 비롯되었다며 염병으로 책망하시고, 예레미야 14장 10-12절에서 하나님의 말씀을 멸시하는 자에 대한 징계로 지속적인 가뭄을 내려

소산을 내지 못하게 하셨다. 또한, '칼'(전쟁), '기근'(사람과 자연의 관계가 깨져서 삶의 터전을 잃게 됨), '염병'(하나님과의 관계가 깨짐)을 내려 징계하시고 죄인들이 다시 주님께 돌아오도록 하셨다고 말씀한다. 누가복음 21장 7-11절을 보면, 예수님께서 온역(전염병)은 재난의 징조이며 말세의 징조라고 말씀하셨다.

신명기 28장 22절 | 호흡기 질환

여호와께서 폐병과 열병과 염증과 학질과 한재와 풍재와 썩는 재앙으로 너를 치시리니 이 재앙들이 너를 따라서 너를 진멸하게 할 것이라

호흡기 질환은 우리 주변에서 흔히 볼 수 있는 병으로, 종류가 다양한 만큼 원인을 알 수 없는 경우가 많으며 치료되었다고 해도 후유증에 시달리는 경우 또한 많다. 그러나 호흡기 질환은 생각만큼 어렵고 까다로운 질병이 전혀 아니다. 호흡기 관련 병들은 성경에서 밝히고 있듯이 하나님이 직접 치료하셔야 하는 병이다. 기도하면 하나님께서 친히 치료하시는 병이다.

• 결핵균이 사라지다

캐나다 영주권을 받기 위해서는 나라에서 지정한 건강검진을 받아 통과해야 한다. 하지만 우리 교회의 한 집사님은 영주권 신청 과정 중 건강검진을 통과하지 못하고 재검사를 통보받았다. 검사 중에 어렸을 때 앓았던 림프선 결

핵균이 발견되었기 때문이었다. 집사님은 일주일에 한 번, 총 세 차례 검사를 받아야 했는데, 첫 번째 검사를 받고 두 번째 검사를 받기 전에야 나를 찾아와 문제를 상의했다. 나는 "두 번째도 그냥 침을 뱉어 검사를 받되, 마지막 세 번째 검사 전에는 반드시 나에게 기도를 받고 침을 뱉으세요"라고 전했다. 그리고 한 주가 흘러 세 번째 검사 날 아침, 나는 전화로 기도를 해 주었다. 그러자 놀라운 결과가 나왔다. 기도를 받지 않았던 첫 번째와 두 번째 검사에서는 침에서 결핵균이 나왔지만, 기도를 받았던 세 번째 검사에서는 균이 나오지 않은 것이다. 이 집사님은 나에게 바로 연락했다. "목사님! 의사도 결과를 보고 놀랐습니다. 결핵은 오진이 거의 없는데, 어떻게 앞선 두 번의 검사에서는 모두 균이 발견되고, 마지막 검사에서 사라질 수 있는지 믿을 수 없다고 했어요." 집사님은 건강검진을 통과하여 영주권을 받을 수 있었다.

• 수십 년을 넘게 앓아 온 천식이 낫다

2010년 10월 찬 바람이 불어오기 시작한 날, 당시 87세였던 권사님을 차로 새벽기도회에 모시던 중이었다. 권사님은 차에 앉자마자 "목사님, 제가 어젯밤 한잠도 자지를 못 했어요"라고 말했다. 나는 "권사님, 어디가 불편해서 못 주무셨나요?"라고 물었고, 권사님은 "7살 때 디프테리아를 앓았는데, 당시 병원에서 평생 천식을 달고 살 것이라고 했어요. 그때부터 지금까지 천식으로 밤에 잠을 제대로 잘 수가 없어요. 기도해 주세요"라고 말했다. 나는 차에서 내리자마자 권사님의 호흡기 전체와 천식을 놓고 기도해 주었다. 권사님은 기도가 끝난 직후 편안하게 숨 쉴 수 있었다. 그러자 옆에 있던 남자 집사님이 "목사님, 저도 군대 가서 추운 겨울에 보초를 서다 천식이 시작돼 37년간 고생하고 있습니다. 저도 어젯밤 기침하느라 한잠도 못 잤습니다. 저도 기도해 주세요"라고 했다. 이 집사님에게도 기도해 주었더니 바로 기침을 멈추었다. 10년이 넘게 지난 지금까지 두 분 모두 천식이 깨끗하게 나아 기침하지 않는다.

• 폐렴과 기관지 확장증으로 인한 지긋지긋한 기침에서 벗어나다

이 글은 하나님의 치유를 경험한 성도가 2020년 5월 3일 직접 보내온 간증이다.

「2008년 말이었던 것 같다. 고열과 기침, 근육통까지 심한데 너무 바쁜 직장 일로 병원 갈 시간이 없어 집에 와서 해열제만 먹고 그냥 곯아떨어지기를 며칠을 반복했다. 주말에 병원에 갔더니 폐렴이 심하다며 입원하라고 했다. 그 후로 과로하거나 스트레스가 심하면 폐렴이 재발하여 예닐곱 차례 입원했고 항생제도 많이 복용했다. 그러다가 5년 전부터는 각혈을 하기 시작했다. 찬 바람을 쐬거나, 피곤하거나, 혹은 스트레스가 심하면 종이컵에 삼 분의 일에서 많을 때는 반 컵 정도 새빨간 피가 나왔다. 병원에서는 기관지 확장증으로 기관지가 얇게 늘어나 쉽게 터져서 객혈을 하는 것이라며 만약 머그잔 반 정도 피가 나온다면 즉시 응급실로 와서 수술해야 한다고 했다. "한번 늘어난 기관지는 회복되지 않습니다. 평생 늘어난 기관지를 갖고 살아가야 해요." 의사의 말에 나는 열이 나면 항생제를, 객혈하면 지혈제를 먹었다. 기침은 일상이 되었으며 숨이 차서 손주를 안아주기도 힘이 들었다.

그러다가 지난해 2월 초부터 고열에 근육통, 심한 기침이 24시간 떠나지 않았다. 병원에서는 폐렴에 혈뇨가 심해 신장 기능에도 이상이 생겼다며 항생

제를 주었다. 항생제를 2주간 먹으면 열이 조금 내리다가 2주가 지나면 다시 고열이 나는 일이 반복되었다. 오한과 근육통, 끊임없는 기침으로 몸은 자꾸 꺼지는 느낌에 아무것도 먹을 수가 없었다. 그렇게 두 달 반을 힘들게 싸우던 어느 날, 캐나다에 계시는 김석재 목사님께 기도를 받게 되었다. 목사님께서는 항암치료 하는 우리 손주를 위해서 10개월째 하루도 빠짐없이 전화로 기도해 주시는 분이시다. 진작부터 기도 받으라는 남편의 권유가 있었지만 나까지 기도 부탁드리기가 죄송해서 미루던 차에 아들까지 간곡히 권하기에 결국 기도를 받기 시작했다.

정확히 4월 11일 아침, 목사님은 처음으로 기도해 주시면서 "오늘 저녁부터 기침 안 하게 될 거예요"라고 하셨다. 다음 날 기침이 60퍼센트 정도로 줄었고 이후 기도를 네 번 더 받고 지긋지긋한 기침이 거의 없어졌다. 가래도 많이 줄어 휴지를 달고 살지 않아도 되었다. 목덜미 아래쪽에는 거대한 얼음주머니를 짊어진 것 같은 증상으로 으슬으슬 춥기 때문에 항상 핫팩을 대고 생활했는데 그 증상도 거짓말처럼 사라졌다. 조금만 서 있거나 앉아 있어도 등이 아픈 증상은 30년 동안 지속되었는데 기도를 받고 난 후부터 아프지 않다. 이 통증 때문에 정형외과와 신경외과에 몇 번씩 찾아가도 아무 이상 없다는 말만 들었었는데, 그렇게 쉽게 통증이 없어지다니 놀라울 뿐이다. 기도를 받은 후 병원에 가서 소변 검사를 하니 혈뇨도 줄었고 염증 수치는 정상으로 돌아왔다고 했다. 3주 동안 기도 받은 지금의 나는 삶의 질이 달라졌다. 일평생 달고 살아야 한다고 했던 기침이 없어졌으니 사람들과 식사할 때나 대화할 때 미안해하지 않아도 된다. 숨이 차서 소파에 앉아만 있었는데 이제는 집안일도 할 수 있다. 10분을 걷기도 힘들었는데 어제는 2시간을 걸었다. 너무나 행복하다. 일상생활을 할 수 있음이 얼마나 감사한지 새삼 느낀다.

이스라엘 백성이 광야에서 40년 동안 많은 기적을 체험했음에도 은혜를 잊고 하나님을 배신했던 것과는 달리, 나는 은혜를 잊는 실수를 하지 않고 주님께서 주신 이 기적과 치유를 평생 감사하며 살 것이다. 목사님께서 기도해 주시면서 보혈과 말씀과 성령으로 발라주실 때 감동으로 눈물이 났던 느낌, "악한 영들은 이제 하나님의 여종을 괴롭히지 못할지어다!"라고 기도해 주실 때 느꼈던 하나님의 보호하심과 든든함을 늘 기억하며 살 것이다. 김석재 목사님의 기도로 나를 치유해 주신 하나님께 영광을 돌리며, 얼굴도 모르는 나를 위해 전심으로 아침마다 기도해 주신 목사님께 감사드린다.」

신명기 28장 23-24절 | 미세먼지로 인한 호흡기 질환

봄꽃이 만발하면 따라오는 불청객이 있다. 바로 미세먼지와 꽃가루다. 꽃이 만발하는 아름다운 봄날에 소리도 없이 찾아온 황사, 미세먼지와 꽃가루는 사람들의 호흡기를 괴롭히는 주범이다. 사람들은 이 불청객을 쫓아내기 위해 마스크를 쓰고 다니며 안간힘을 쓴다. 그러나 시간이 지날수록 호흡기 질환 환자는 줄어들지 않고 증가하고 있다. 뚜렷한 대안도 없다.

네 머리 위의 하늘은 놋이 되고 네 아래의 땅은 철이 될 것이며 여호와께서 비 대신에 티끌과 모래를 네 땅에 내리시리니 그것들이 하늘에서 네 위에 내려 마침내 너를 멸하리라 성경도 미세먼지에 대해 분명하게 말씀하고 있다. 그런데 교회는 이 말씀을 정확하게 전하지 않는다. 성경에서 말씀하고 있는 미세먼지로 인한 호흡기 질환은 환경의 문제가 아닌, 교회와 성도의 문제인 것이다.

• 미세먼지로 인한 알레르기성 비염으로부터 치유받았다

2017년 한국 집회 중에 매년 4월이면 알레르기성 비염으로 오랜 세월 고생해온 분을 위해 기도해 준 적이 있다. 유명 대학병원에서 근무하는 젊은 의사였는데, 비염 때문에 값비싼 약을 계속해서 복용하지만 차도가 없다고 했다. 나는 그에게 기도해 주기 전에 "호흡기 질환은 하나님께서 내리신 저주의 질병이니 하나님께서 친히 고쳐주시면 금방 낫습니다"라고 설명했다. 하지만 그는 전혀 이해하지 못하는 눈치였다. 한국은 매해 봄, 미세먼지보다 더 악한 초미세먼지가 심각한 데다 꽃가루까지 많이 날려서 호흡기질환을 앓는 사람이 당연히 많다고 생각하는 것 같았다. 나는 그에게 물었다. "한국 땅에 꽃가루와 미세먼지로 인한 비염 환자가 넘친다면, 한국인들은 전 국민이 모두 호흡기 질환을 겪어야 할 것입니다. 그런데 왜 비염이나 천식 환자보다 멀쩡한 사람이 더 많을까요?" 그는 고개를 갸우뚱했다. 나는 그를 놓고 알레르기성 비염의 치유를 위해 기도해 주고 보냈다. 시간이 흐른 뒤 그는 기도 받은 날부터 비염이 사라졌으며, 기도 받기 전까지 계속 복용했던 값비싼 알레르기약을 지금까지 복용한 적이 없다고 고백했다.

신명기 28장 22절 | 열병, 간질

여호와께서 폐병과 열병과 염증과 학질과 한재와 풍재와 썩는 재앙으로 너를 치시리니 이 재앙들이 너를 따라서 너를 진멸하게 할 것이라

    열병은 어린아이에게 흔히 생기는 증세로, 그저 열만 내리면 된다고 대수롭지 않게 여기다가 병을 키우는 경우를 자주 보았다. 간질 환자의 주된 발병 요인이 어릴 적 앓았던 열병인 경우가 많다. 그러므로 열병은 깨끗하게 치료해야 한다. 치료의 방법은 기도뿐이다.

• 고열에 시달리던 어린아이가 깨어나다

    2016년 어느 날 서울에서 집회 중이었는데, 토론토에 있는 우리 교회 성도가 전화를 했다. 이 성도는 "목사님, 서울에 사는 제 조카가 갑자기 열이 40도 이상으로 오른 지 6일째가 됐는데 열이 떨어지지를 않는다고 연락을 받았어요. 기도 부탁드립니다"라고 했다. 나는 아이가 입원한 병원을 묻고는 곧장 찾아가려고 했다. 그러나 성도는 지금 바로 병원에 가지 않아도 된다고 했다. 그 날은 월요일이었는데, 돌아오는 금요일에 아이의 부모가 나에게 저녁을 대접하기로 했으니 그때 같이 병원에 가보라는 것이었다. 금요일까지 병원에서 치료하다 보면 열이 떨어지리라 생각한 모양이었다. 금요일에 아이의 부모를 만나 식사를 마치고, 아이를 위해 기도해 주려고 강남의 대형병원을 찾아갔다. 고열에 시달린 지 이미 열흘이 지난 아이는 혼수상태에 빠져 산소마스크까지 쓰고 있었다. 밤 11시에 들어가 바로 기도해 주었고, 가족들과 20분 정도 대화

를 나눈 후 다시 한 번 더 기도해 주고 병원을 떠났다. 다음 날 아침에 일어나 보니 아이의 외할머니가 문자를 보내왔다. "목사님 참 신기하네요, 목사님이 기도하고 가신 후 열이 36.9도로 바로 떨어졌고, 지금 새벽 6시 40분인데 정상 체온을 유지하고 있습니다. 목사님, 감사합니다. 하나님은 살아 계시네요."

• 스리랑카 선교사님 아들의 뎅기열이 기도로 낫다

'뎅기열'은 뎅기 모기가 옮기는 병으로, 감염되면 출혈과 혈압에 문제가 생겨 장기 기능이 저하되다가 사망에까지 이를 수 있다. 주로 동남아 지역에 나가 있는 선교사님으로부터 뎅기열 기도를 부탁받는 경우가 많다.

2020년 2월 18일, 스리랑카 선교사님이 나에게 전화를 했다. 자신의 큰아들을 위해 기도해 달라는 전화였다. 아들이 고열과 두통을 호소하고 있는데, 대학 입시를 앞두고 있어서 더 걱정이라는 것이었다. 나는 즉시 아들을 위해 기도해 주었고 시간이 흐른 뒤 선교사님께 연락을 받았다. "아들을 위해 기도해 주셔서 진심으로 감사드립니다. 다시 건강해져서 입시를 준비하고 있어요. 뎅기열은 무조건 병원에 입원해야 한다고만 생각했지, 기도로 나을 수 있다고 생각해 본 적이 한 번도 없었습니다. 저의 믿음 없음을 드러내신 주님께 감사드립니다. 우리의 질고를 지시고 돌아가신 예수님께 영광! 주의 귀한 종들을 통해 치유하시는 주님께 감사드립니다."

• 캄보디아 선교사 부부가 치료되다

지난 2015년 5월 19일, 캄보디아에 있는 선교사님으로부터 메일이 왔다. 캄보디아에 한 선교사 부부가 있는데 두 분 다 뎅기열 후유증으로 몇 년째 불면증을 호소하고 있다고 기도를 부탁해왔다. 나는 부부 선교사님에게 바로 연락했다. 그들은 7년째 캄보디아 지역에서 사역을 하고 있었는데, 문제가 된 뎅기열은 캄보디아로 간 지 4년쯤 되었을 때 생긴 것이라고 했다. 남편 선교사님은 뇌에 충격이 와 후유증으로 불면증이 생겼다. 깊은 잠을 자지 못하고 3, 4번씩 깨는 것은 물론이고, 일주일에 며칠씩은 밤을 지새울 때도 있다고 했다. 게다가 가끔 악몽을 꾸는데 돌아가신 분들의 형상이 나타나 괴롭힌다고 했다. 또한 비염 증세가 있는 데다가 폐가 약해서 찬양하는 것도 힘들어했다. 사모님 역시 뎅기열로 일주일간 사경을 헤맸는데, 후유증으로 갑상선암이 생겨 수술을 했다. 이후에는 빈혈까지 생겨 자꾸 어지러웠다. 검사를 받아봤더니, 헤모글로빈 수치가 정상 수치의 절반밖에 되지 않는다고 했다. 힘이 없어 기도생활조차 할 수 없을 지경이라 했다. 나는 두 분을 위해서 간절히 기도해 주었다. 다음 날, 캄보디아에서 선교사님 부부가 연락을 해왔다. 전날과는 사뭇 다른 목소리로, 먼저 남편 선교사님이 기도 후 처음으로 밤에 악몽 없이 잠을 푹 잤고, 머리도 상쾌하고 아주 맑아졌으며, 찬양할 때도 호흡이나 발성에 전혀 문제가 없었다고 기뻐했다. 이어서 사모님도 자고 일어나 오전까지는 좀 힘들었는데 오후 들어서부터 '내가 언제 아픈 적이 있었나'라는 생각이 들 정도로 힘이 넘쳐나는 것을 느꼈고 온종일 컨디션이 좋았다고 간증을 전해왔다. 할렐루야! 우리 주님은 살아계시며 우리 곁에서 항상 함께하신다.

열병과 간질의 관계

간질 환자들을 위해 상담하고 기도하던 중, 나는 간질 환자들이 어렸을 때 열병을 앓았다는 공통점을 발견했다. 그 이후로 간질 환자들을 위해 기도할 때마다 저주의 병인 열병, 죽음과 두려움과 공포를 끊어주는 기도를 하였고, 그때마다 실제로 치유가 나타났다.

• 뇌전증에서 자유함을 얻은 아이

쌍둥이로 태어난 한 여자아이가 3살 때 열병을 심하게 앓고 난 후 경련과 함께 거품을 물고 쓰러지기 시작했다. 병원에 데려갔더니 뇌전증(간질)이라는 진단을 받았다. 이후 2년여 간 부모는 한 달에 몇 번씩 발작하는 아이로 인해 날마다 가슴 졸이며 살아왔다. 2015년 아이의 가족이 캐나다에 여행 차 왔다가 나를 만나 기도를 받게 되었다. 아이의 아버지는 현대의학으로 치료할 수 없는 병을 기도로 치료할 수 있다니 솔직히 믿을 수 없지만, 지푸라기라도 잡는 심정으로 기도를 받고 싶다고 했다. 나는 간절히 기도해 주었고, 아이와 가족은 기도를 받고 한국으로 돌아갔다. 그리고 2년이 지나, 부모가 나에게 연락해왔다. 아이와 병원에 검사를 받으러 갔는데, 뇌전증이 완치되어 더 이상 병원에 올 필요가 없다는 진단을 받았다는 것이었다. 아버지는 이제 예수님을 믿지 않을 수가 없으니 앞으로 열심히 하나님을 섬기겠노라고 고백했다. 기도 받은 후 아이는 지금까지 한 번도 발작하지 않았다고 한다.

나는 간질 환자들을 만나면 마가복음 9장 14-29절 말씀을 묵상하라고 말해 준다. 그들은 하나같이 말씀 속 환자의 모습이 자신들과 같다고 말한다. 간질의 뿌리는 조상들이 우상과 미신을 섬겼던 불순종의 저주인 경우가 많다. 간질로 고통받고 있다면 마가복음 9장 14-29절을 붙잡고 기도하기를 권면한다.

신명기 28장 25-26절 | 흩어짐과 객사

여호와께서 네 적군 앞에서 너를 패하게 하시리니 네가 그들을 치러 한 길로 나가서 그들 앞에서 일곱 길로 도망할 것이며 네가 또 땅의 모든 나라 중에 흩어지고 네 시체가 공중의 모든 새와 땅의 짐승들의 밥이 될 것이나 그것들을 쫓아줄 자가 없을 것이며

한국에는 일제강점기와 한국전쟁 등 각종 사건과 사고로 인해 어디서, 어떻게, 왜 죽었는지조차 모르는 이들이 많다. 이러한 죽음이 정신적·육체적으로 많은 가정과 자손을 고통 가운데 빠뜨렸다. 주변의 증언이나 가족사에 관한 이야기를 듣지 못하면 찾아내어 기도하기가 쉽지 않은 것도 사실이다. 그렇지만, 최대한 정보를 수집하고, 성령님께 의지하여 반드시 해결해야 한다. 특별히 우울증, 자살 충동, 불면증, 외로움에 고통받는 환자들을 위해 기도할 때 이 부분에 더 관심을 가져야 한다.

• 객사한 할아버지를 가장한 악한 영

2007년 12월 어느 추운 날, 어느 여성이 전화로 기도를 요청했다. 한국에 갔던 아들이 캐나다로 돌아오겠다고 해서 비행기 삯을 세 번이나 보냈는데, 방탕하게 노느라 돈을 다 탕진하고 돌아오지 않는다는 것이었다. 캐나다로 들어오겠다는 날짜가 한참 지났는데도 오지 않자, 엄마는 아들에게 전화를 했다. 야심한 시간에 아들은 송탄공설묘지에 있다면서 돌아가신 할아버지의 목소리로 자신과 남편에게 욕을 퍼부었다. 나는 곧 아들에게 연락을 했다. 내가

"저는 토론토순복음영성교회 김석재 목사입니다"라고 말하자마자, 그는 곧장 전화를 끊어버렸다. 네 차례나 더 전화했지만 똑같이 끊기를 반복했다. 그래서 다섯 번째 전화할 때는 아들이 전화를 받자마자 곧장 "나사렛 예수의 이름으로 명하노니 ○○○를 묶고 있는 악하고 더러운 귀신은 떠나갈지어다!"라고 기도했다. 이번에는 다행히도 전화를 끊지 않아 끝까지 기도할 수가 있었지만 기도가 끝나자마자 전화 연결이 끊겼다.

그의 부모님은 한국 시각으로 새벽 6시가 되어서야 아들과 통화할 수 있었다. 아들에게 왜 새벽에 송탄공설묘지에 갔었냐고 물었더니, 그는 무슨 소리를 하냐며 왜 거길 가겠느냐고 오히려 화를 냈다. 그러나 자신의 발바닥뼈에 금이 가고, 신발도 엉망이 되어 있는 것을 발견하고는 차츰 기억을 되살렸다. 아들은 "초저녁에 일찍 잠자리에 들었는데, 꿈에 어떤 사람이 나타나, 우리 할아버지라고 했어요. 할아버지가 같이 어딜 좀 가자고 해서 따라갔더니 공동묘지였어요"라고 말했다. 그의 부모님이 말하기를, 그의 할아버지가 송탄공설묘지 앞에서 객사하는 바람에 그곳에 묻어드렸다고 한다. 나는 아들을 위해 기도해주었고 그는 무사히 캐나다로 돌아올 수 있었다.

신명기 28장 27절 | 피부병, 치질

여호와께서 애굽의 종기와 치질과 괴혈병과 피부병으로 너를 치시리니 네가 치유받지 못할 것이며

• 아기의 아토피 피부염이 치유받다

2015년 한국 보령에서 집회할 때였다. 치유기도 시간에 부모가 돌이 갓 지
난 아기를 데리고 나왔다. 언뜻 보아도 아기의 얼굴이 매우 붉었는데, 자세히
보니, 아토피 피부염이 얼굴과 온몸에 심각하게 퍼져있었다. 부모는 아기가 긁
지 못하도록 손가락마다 천으로 동여매 놓았다. 아무리 어린 아기라지만 극심
한 고통의 무게가 가볍겠는가? 부모는 유명한 목사님들께 기도를 많이 받았
지만, 차도가 없었다고 했다. 전도사인 아빠와 사모는 기도를 시작하기 전 "목
사님, 아이가 치료되기 전까지는 못 가십니다!"라고 소리 지르며 울었다. 사모
는 체면이고 뭐고 아기가 치료받는 것 외에는 모든 것을 포기한 듯 보였다. 나
는 측은한 마음이 들어 더욱 간절히 기도해 주었다. 집회 일정 중에 기도하고
또 기도해 주었다. 새벽 2시가 지나서야 집회가 끝나고 성전을 나서며, 부모에
게 아기가 오늘 밤부터 잠을 잘 자고 몸을 긁는 횟수부터 달라질 테니 조금만
기다리고, 매일 기도해줄 테니 나에게 전화를 달라고 했다. 3일이 지난 후 부
모에게서 전화가 왔다. "아기 피부에 딱지가 앉았어요." 나는 또 기도해 주었
다. 그로부터 한 달 후에 부모는 아이가 깨끗이 나은 사진을 보내왔다.

• 아토피 피부염과 간 혈관종이 치유받다

2019년 8월 9일, 매주 열리는 우리 교회의 금요성령치유집회에 극심한 아
토피 피부염으로 고생하고 있는 10살짜리 여자아이가 외할머니, 부모님, 오빠
를 비롯한 온 가족과 함께 참석했다. 아이는 너무 가려워서 매일 고통 속에 몸
부림쳤고, 그로 인해 밤마다 가족이 잠을 이루지 못하고 있었다. 알고 보니, 친
가 가족들이 아토피 피부염 환자였다. 나는 가족 모두를 위해 기도해 주었다.

일주일이 지난 뒤 가족은 집회에 참석해서 아이의 상태가 너무 좋아져서 밤에 잠도 잘 자고 전혀 가려워하지 않는다며 다시 기도 받기를 원한다고 했다. 아이의 부모가 고백하기를, 사실 몇 년 전부터 우리 교회에 와서 기도를 받아보라고 여러 사람이 권유했지만, 기도하면 나을 수 있다는 사실을 믿지 못해 거부해 왔었다고 고백했다.

기도하는 가운데 아이에게 또 다른 피부병이 남아 있다는 사실을 알게 되었다. 혹시 병원에서 다른 피부병에 대해서도 말하지 않았냐고 물었지만, 아이의 부모는 그런 적이 없었다고 했다. 나는 아직 남아 있는 피부병이 아무리 기도를 해도 낫지 않는 점이 이상했다. 그렇게 시간이 흘러 2020년 1월, 아이의 할머니에게 혹시 손녀가 아토피 피부염 말고 다른 질환을 앓고 있지 않으냐고 다시 물었다. 그러자 할머니는 지난 7월 아이와 병원에 갔을 때 병원에서 아이에게 무슨 피부병이 있다고 한 것 같다고 했다. 그 말을 옆에서 듣고 있던 아이의 엄마가 그제야 기억을 해냈다. "아 맞아요! 아이가 간 혈관종을 앓고 있다고 했어요." 나는 곧장 간 혈관종을 놓고 기도해 주었고, 아이는 즉시 좋아지기 시작했다. 며칠 지나서 만나니 완전히 나아 있었다. 이처럼 기도는 대충 두루뭉술하게 하기보다는 가능한 한 정확하고 자세하게 드려야 한다.

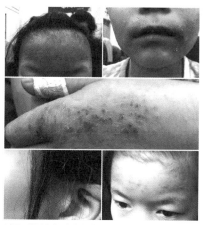

아토피를 앓던 여자아이가 깨끗하게 나음을 받았다

신명기 28장 28절 | 미침, 청각장애, 시각장애, 경심증
(정신질환은 PART 4에서 깊이 있게 다룰 것이기 때문에, 여기서는 개역한글성경의 '경심증'만을 다루겠다)

여호와께서 또 너를 미침과 눈멂과 경심증으로 치시리니 (신 28:28, 개역한글)

성경은 '미치는 병'에 대해 말씀하고 있다. 우리는 흔히 하는 "좋아서 미치겠네", "얄미워 미치겠네", "힘들어 미치겠네" 등 '미치겠네'라는 말은 농담이라도 절대 해서는 안 된다. 성경을 통해 미치는 병이 얼마나 무서운지 깨닫고, 그동안 스스로 '미친다'라고 했던 저주의 말들을 예수님의 이름으로 취소해야 하고, 다시는 꺼내지 말아야 한다.

• 청각장애인의 귀가 열리다

2014년 9월 베트남 호찌민 변두리에서 소수민족을 위한 집회를 마치고 난 후였다. 집회에 참석했던 옆 동네 목사님이 갑자기 자기를 따라오라고 하더니, 자신이 담임하고 있는 교회로 데리고 갔다. 교회에는 베트남 청년 한 사람이 있었다. 언어가 통하지 않아 기도제목을 물어볼 수 없었지만, 나는 청년이 계속 배를 만지고 있기에 배가 아픈 줄 알고 기도를 시작하려고 했다. 그런데 때마침 통역사가 도착하였다. 통역사는 청년이 7살 때 받은 충격으로 지금까지(당시 나이 35세) 청각장애를 가지고 살아왔다고 이야기해 주었다. 나는 이 청년의 청각장애의 뿌리가 우상숭배였다는 것을 알게 되었고 기도로 그 뿌리를 뽑아내 주었다. 기도가 끝나자 청년은 많은 눈물을 흘리며 자신이 들을 수 있게 되었다고 했다. 나는 확인차 "할렐루야! 아멘!"을 따라 말해 보라고 하였고 청년은 내 말을 정확히 듣고 따라 했다.

• 가계의 저주로부터 온 경심증에서 벗어나다

2013년 4월, 당시 85세였던 집사님이 나에게 급하게 전화를 했다. "목사님, 숨이 차서 도저히 걸을 수가 없습니다. 병원에 가서 검사를 받아도 8년간 원인을 알 수 없다는 얘기만 듣고 있어요. 매일 네 차례씩 심장이 조여 오는데, 특히 새벽 2시에서 4시 사이에는 얼마나 괴로운지 모릅니다. 견딜 수 없을 때는 병원에 가는데, 산소마스크 쓰고 고작 며칠 누워 있다가 나오는 게 전부입니다. 이번에는 목사님께 기도를 받아보려고 합니다. 도와주세요."

나는 그 길로 집사님 댁으로 달려갔고 상담을 시작했다. 나는 먼저 "집사님, 캐나다에 이민 오시기 전에 무슨 일을 하셨나요?"라고 물었다. 집사님은 "이민 오기 전에 고등학교와 대학교에서 체육 강의를 했습니다"라고 대답했다. 나는 다시 물었다. "선친께서는 무슨 일을 하셨나요?" 집사님은 "저희 집안은 전남 강진에서 대대로 술 담그는 양조장을 해서 부유하게 자랐어요"라고 대답했다.

그때 나의 머릿속에서 강하게 떠오르는 이름이 있었는데 바로 미국의 35대 대통령이었던 존 F. 케네디(John Fitzgerald Kennedy)였다. 그의 아버지는 주류 수입 사업으로 억만장자가 되어 미국 최고의 명문가를 이루었다. 자녀들을 대통령, 장관, 국회의원으로 키워 놓았지만 하나같이 비운의 죽음을 맞아, '케네디 가의 저주'라는 이야기가 있을 정도다. 주류 수입 사업으로부터 시작된 케네디 가문의 저주처럼 이 집사님도 양조업으로 인한 저주에 묶였으며 그 결과 경심증이 온 것이었다. 나는 곧장 기도해 주고 다음 날 다시 집사님을 찾아갔다. 기도 후에 하루에 네 차례씩 오던 심장 조임이 세 차례로 줄었으며 통증의 강도도 줄어서 어제는 편안했다고 했다. 나는 다시 기도해 주고 다음 날 다시 찾아갔다. 그렇게 5일째 찾아갔을 때 집사님은 아주 밝은 표정으로 말했다. "목사님, 정말 감사합니다! 목사님이 기도해 주신 이후에 심장 조임이 단 한 번도 없었고, 숨이 차던 증상도 모두 사라졌습니다. 인생에 남은 날 동안 교회에 빠지지 않고 열심히 다니겠습니다. 정말 하나님이 살아계시나 봅니다!" 얼마나 기뻐하시던지 그 모습이 눈에 선하다. 이것이 치유사역자의 보람이다.

직업을 통한 불순종의 저주

직업을 선택할 때 하나님의 뜻에 따라 선택하고 있는가? 직업을 통해 영혼을 살리는 일을 하고 있는가, 반대로 영혼을 죽이는 일을 하고 있는가? 우리가 선택한 직업이 '불순종의 저주'가 되어 나와 내 가족뿐 아니라 자손까지 고통받게 하지는 않을지 주의 깊게 살펴볼 필요가 있다. 예를 들어, 생명을 경시하여 낙태를 종용하는 산부인과 의사와 직원, 사람들을 우상숭배, 방탕과 음란에 빠지게 만드는 제품의 판매와 그에 관련한 직업 등은 아무리 주일성수를 잘 하고, 헌금을 많이 드린다고 해도 하나님께서 결코 기뻐하시지 않는다.

우리는 진로를 고민할 때에도 성령님께 의지해야 한다. 우리를 사랑하시고 우리를 가장 잘 아시는 주님이 우리를 축복의 길로 인도해 주실 것이기 때문이다. 기도하지 않고 일을 시작한다면 우리는 탐욕에 걸려 넘어질 것이다. 더 나아가 불순종의 죄를 지어 자손까지 저주 속에서 고통받게 만들 것이다. 우리 인생의 주인은 오직 하나님이시다. 무슨 일을 하든지 반드시 기도하고 말씀을 받아 시작해야 한다.

신명기 28장 29-33절 | 가정파탄, 빈곤

맹인이 어두운 데에서 더듬는 것과 같이 네가 백주에도 더듬고 네 길이 형통하지 못하여 항상 압제와 노략을 당할 뿐이리니 너를 구원할 자가 없을 것이며 네가 여자와 약혼하였으나 다른 사람이 그 여자와 같이 동침할 것이요 집을 건축하였으나 거기에 거주하지 못할 것이요 포도원을 심었으나 네가 그 열매를 따지 못할 것이며 네 소를 네 목전에서 잡았으나 네가 먹지 못할 것이며 네 나귀를 네 목전에서 빼앗겨도 도로 찾지 못할 것이며 네 양을 원수에게 빼앗길 것이나 너를 도와 줄 자가 없을 것이며 네 자녀를 다른 민족에게 빼앗기고 종일 생각하고 찾음으로 눈이 피곤하여지나 네 손에 힘이 없을 것이며 네 토지 소산과 네 수고로 얻은 것을 네가 알지 못하는 민족이 먹겠고 너는 항상 압제와 학대를 받을 뿐이리니

가정의 붕괴와 경제적인 고난의 뿌리도 우상과 미신을 섬겼던 일로부터 생겨난다. 이는 우리가 이웃 전도에 힘써야 하는 이유를 다시금 생각하게 해 준다. 흔히 가정 파탄이 경제적인 결핍 때문에 생겨난다고 하는데, 이는 사실이 아니다. 소위 재벌이라고 불리는 가정도 산산이 조각나는 경우가 많다. 특별히 가정의 붕괴는 시대에 흐르는 영적 현상의 한 축이다. 물질과 명예가 하나님을 대신할 수 있다고 믿고, 부와 권력을 숭배함으로써 가정이 고통받는 것이다. 가정의 붕괴는 단지 가족 구성원들의 문제일 뿐만 아니라 사회를 병들게 하고 또 다른 죄악을 만들어 낸다. 그러므로 우리는 인생이 풀리지 않아 좌절하고 있는 이웃을 한 영혼을 천

하보다 더 귀하게 여기시는 주님 앞으로 인도해야 한다. 그들의 인생을 복된 인생으로 바꿔주는 것이야말로 믿는 자의 본분이다.

신명기 28장 34절 | 목격함으로 인해 미치는 병

이러므로 네 눈에 보이는 일로 말미암아 네가 미치리라

성경은 하나님이 내리시는 불순종의 저주 속에 '무언가 목격함으로 인해 미치는 병'이 있다고 말한다. 여기에는 정신분열, 자살, 우울증, 불면증 등 정신과적인 질병들이 포함된다. 정신과 의사들과 많은 대화를 해본 결과, 그들은 약을 처방해 주는 것 외에는 환자를 위해 할 수 있는 일이 거의 없다. 정신질환 역시 예수 그리스도의 이름의 능력으로 기도하고 뿌리를 찾아 캐낼 때 성령님께서 치유하신다.

• 집에서 창문을 열다가 마주친 도둑

2012년 11월 말 토요일, 창립 9주년 집회를 마치고 얼마 지나지 않은 뒤였다. 주일 설교 준비를 하고 있는데 타 교회의 여자 집사님으로부터 전화가 왔다. "목사님, 저희 아이가 정신적으로 문제가 있어요. 지인이 토론토순복음영성교회에 가면 아이가 나을 수 있다고 해서 이렇게 전화 드렸습니다. 당장이라도 아이와 함께 교회로 찾아가고 싶은데 저는 운전을 할 줄 모르고 요즘 남편도 몸이 좋지 않습니다. 혹시 교회 셔틀 차량 정보를 알려주실 수 있나요?" 전화를 끊자마자, 차량 운행 봉사자에게 모자의 주소를 알려주고 주일에 데려와 달라고 부탁했다. 그런데 토요일 밤 집사님의 남편이 중풍으로 쓰러져서 교회에 오지 못했다. 나는 다음 날 집사님의 집을 직접 찾아갔다. 타 교회 성도이다 보니 조심스러웠지만, 절박한 상황 앞에서 따질 것이 없었다. 집에 들어서니 아직 잠이 덜 깼는지 눈이 새빨갛고 덩치가 큰 청년이 물끄러미 나를 쳐다만 보았고, 어머니가 나를 반갑게 맞이했다. 나는 직감적으로 그가 정신질환을 앓는 아들임을 알았지만. 우선 집사님과 함께 중풍으로 쓰러져 의식을 잃은 남편이 입원한 병원으로 갔다. 남편을 위해 기도해 준 다음. 집으로 돌아와 청년과 상담을 시작했다.

청년의 말에 따르면, 그가 한국에 살고 있던 15살 때, 어느 날 하교 후 집에 들어와 창문을 연 순간 창문 바깥에서 시커먼 형체가 동시에 문을 열었다. 까만 형체는 도둑이었다. 청년은 도둑과 눈을 마주쳤고, 순간 극심한 두려움과 공포에 사로잡히게 되었다. 그리고 3년쯤 지났을 때 동일한 상황을 다시 겪었다. 남들이 보기에는 평범해 보였지만, 청년은 두 번이나 끔찍한 상황을 겪은 뒤로 마음에 두려움과 불안감이 나날이 심해져 갔다. 고등학교를 졸업한 후 토론토에서 유학했고, 다시 귀국하여 카투사로 군 복무도 잘 마친 뒤 부모님과 토론토로 돌아와 신앙생활도 잘 해왔다. 그러나 마음속에는 항상 두려움과 불안이 내재해 있었다. 어느날 그 증상이 겉으로 드러나기 시작했고, 그가 다니던 교회의 목사님이 부모에게 전화해 이렇게 말했다. "아드님이 두 달 전부터 예배 시간 내내 선글라스를 쓰고 있어요. 대화해 보니 문제가 있는 것 같은데, 병원에 데리고 가서 정신과 상담을 받는 게 좋을 것 같습니다." 바로 병원에 가 상담을 해 보니, 정신질환을 앓고 있다는 진단을 받았다. 그 후 6년이라는 시간이 지나서 나를 찾아온 것이다.

청년의 정신질환 치유를 위한 기도와 아버지의 중풍 치유를 위한 기도가 맞물려 치유까지 오랜 시간이 걸렸다. 그러던 어느 날 청년과 상담하고 기도하던 중 청년의 할머니가 무당이었다는 사실을 알게 되었다. 이 사실이 드러나자 청년의 어머니는 며느리가 알면 아들이 이혼을 당하게 된다며 기도도 받지 않은 채 다급히 교회를 떠났다.

이처럼 정신병의 뿌리는 바로 우상과 미신을 숭배했던 불순종의 저주에 있는 경우가 많다. 이처럼 나도 치유사역에 실패한 순간 역시 많았다. 그러나 실패를 경험 삼아, 지금의 치유사역자가 되었다. 사역자는 치유사역을 행하는 것을 두려워하지 말아야 한다. 모든 치유는 내가 아닌, 성령님이 하신다.

신명기 28장 35절 | 신체 통증, 마비

여호와께서 네 무릎과 다리를 쳐서 고치지 못할 심한 종기를 생기게 하여 발바닥에서부터 정수리까지 이르게 하시리라

1) 파킨슨병

나는 파킨슨병의 발병 원인을 대략 두 가지로 꼽는다. 첫 번째는 급작스럽게 과도한 스트레스를 받은 경우, 두 번째는 성격이 본래 부정적이고 파괴적이어서 일상 속에서 매일 꾸준히 스트레스를 받아온 경우다. 후자의 경우, 영적인 공격으로 인한 병이다.

파킨슨병에 걸리면 몸이 굳어가며 동작이 느려진다. 아주 천천히 진

행되기 때문에 환자는 언제부터 병이 시작됐는지 정확히 알기 어렵다. 이 병의 전조 증상은 계속되는 피곤함, 무력감, 팔다리의 불쾌한 느낌, 쉽게 화내는 것, 걸음걸이가 변하고 무표정해지는 것, 목덜미와 허리의 통증, 글씨를 쓸 때 글자가 점점 작아지거나 말할 때 목소리가 점점 작아지는 것 등이다. 우울증, 소변 장애, 수면 장애, 걸을 때 팔을 덜 흔들고 다리가 끌리는 느낌이 드는 것도 파킨슨병의 전조 증상이다.

• 영적 공격으로 생긴 파킨슨병(1)

2015년 11월 셋째 주일, 교회에 출석한 지 몇 달 되지 않은 30대 초반의 자매가 한쪽 팔다리를 질질 끌면서 성전에 들어왔다. 매우 건강한 자매였는데, 며칠 사이 갑자기 변해버리니 굉장히 충격이었다. 예배 후에 자매를 위해 기도해 주었고, 기도가 끝나자마자 자매의 상태가 멀쩡해졌다. 그런데 다음 날 아침, 자매로부터 전화가 왔다. 몸이 전체적으로 부드러워졌지만 손목과 발목, 발가락 끝이 뒤틀리는 증세가 있다는 것이었다. 기도해 주면 괜찮아졌다가 다시금 상태가 안 좋아지는 일이 반복됐는데, 그렇게 한 달 정도 지났을 때쯤 자매에게 물어보았다. "혹시 혼자 있을 때 누군가가 뒤에서 따라다닌다는 느낌을 받거나, 훔쳐보고 있다는 생각이 들지 않나요?" 자매는 그렇다고 대답했다. 며칠 후 자매를 교회로 불러 자매를 묶고 있는 죽음의 영과 자살의 영, 두려움의 영과 저주의 영을 내쫓기 시작했고, 축사가 강하게 나타났다. 50분 정도 축사기도를 마치고 마무리 기도를 하는데, 갑자기 자매가 이렇게 말했다. "성전 밖에서 누군가가 저를 째려보고 있어요!" 그것은 자살한 고모를 가장한 귀신이었다. 즉시 축사기도를 다시 시작했고, 자살한 친척들을 가장한 일곱 귀신이 차례대로 나타났다. 축사기도가 모두 끝나자 언제 그랬냐는 듯이 자매의 몸이 깨끗하게 나았다. 치유받은 지 벌써 4년이 훌쩍 넘었는데, 자매는 여전히 아주 건강하다.

• 영적 공격으로 생긴 파킨슨병(2)

캐나다 브리티시컬럼비아주에 사는 어느 권사님이 6년 동안 파킨슨병 투병을 하다가 토론토에 있는 우리 교회에 기도를 받으러 왔다. 권사님은 파킨슨병의 여러 가지 증세로 인해 많이 힘든 상황이었는데, 가장 고통스러운 것은 오전 9시부터 오후 6시까지 하루에 9시간 동안 오른손과 오른발이 계속 움직이는 무정위 운동이었다. 나는 이 권사님을 위해 기도해 주었는데 그때부터 6년 동안 같은 시간에 동일하게 나타나던 손과 발의 동작이 멈췄고, 몸이 떨리는 증세도 많이 약해졌다. 권사님은 기도 받기 시작한 뒤 보름 만에 몸의 70퍼센트가 회복되었다고 말했다. 그 무렵 권사님은 갑자기 자신의 남편에 대한 이야기를 처음 꺼내기 시작했다. "목사님, 사실 제 남편이 자살했는데, 우리 교회 목사님이 우리 남편이 천국 갔다고 했어요!" 자살한 남편이 천국에 갔을 거라고 확신하는 잘못된 신앙과 남편의 자살로 인한 상처가 권사님의 심령을 옭아매고 있었다. 나는 즉시 내적치유를 해 주었고, 이후 손과 발을 돌리던 증상이 완전히 사라졌다. 몸이 계속해서 떨리던 증상도 권사님의 표현대로라면 85퍼센트나 회복되었다.

2) 뇌졸중(중풍)과 뇌경색

뇌졸중과 뇌경색은 전 세계적으로 흔한 사망의 원인이다. 뇌졸중이 발생하면 사망 또는 심각한 장애를 유발한다. 따라서 뇌졸중이 발생하면 즉시 적절한 치료를 받아 장애를 최소화해야 한다. 뇌졸중이 오자마자 연락을 해온 목회자와 성도를 위해 기도해 준 경험이 7번 정도 있는데, 대부분 후유증 없이 깨끗하게 완치되어 정상적인 생활을 하고 있다. 뇌졸중 치료 후에 중요한 것은, 노력을 통해 성품을 변화시켜야 한다는 것이다. 스트레스를 잘 받는 성격이 이 병에 걸리는 가장 큰 원인이기 때문이다. 미움, 증오심, 용서할 수 없는 마음 등으로 생긴 '화병'은 정신을 피폐하게 할 뿐 아니라 신체장애를 일으키고 사망에 이르게 한다. 또한 뇌졸중, 뇌경색 환자에게는 숙면을 위한 기도가 필수이다. 숙면이 치유를 극대화하기 때문이다.

3) 목과 어깨, 허리통증과 무릎 통증

나쁜 자세나 외부 충격으로 디스크가 밀려나 주위 신경을 자극하여 허리에 통증을 일으키는 것을 허리디스크(추간판탈출증)라고 한다. 디스크 환자들은 보통 양쪽 다리 길이가 차이가 나며, 짧은 다리의 반대쪽 목(경추)과 어깨가 결리고 통증이 있다. 대부분 나이가 들면 허리가 아픈 것이 당연한 줄로 생각하지만, 많은 환자를 놓고 기도해 보니 허리 통증은 나이와 전혀 상관없음을 알 수 있었다.

교회들을 다니며 집회를 하다 보면 이런 환자들이 너무나 많다. 교회 밖도 마찬가지다. 디스크는 비교적 이른 시일 내 치유가 이루어진다. 교회가 그들을 위해 기도하고, 치유를 체험하도록 인도한다면 하나님이 살아계심을 증거하는 데 도움이 될 것이다.

• 태어날 때부터 몸이 틀어진 아이

2017년 3월 5일 주일 밤 12시, 한국 이천에서 집회 중이었다. 집회 마지막 날, 교회 성도와 8살짜리 아들이 마지막 순간까지 망설이다 나를 찾아왔다. 아들은 태어날 때부터 몸이 뒤틀려 있었다. 의사는 어머니에게 수술을 권유했지만, 혹시 수술 중에 아들이 잘못될까 봐 8년째 수술을 미루고 있었다. 그러다 집회에서 내 설교를 듣고, 기도를 받으면 아들이 나을 수 있겠다는 믿음이 생겨 나를 찾아온 것이었다. 온몸이 뒤틀린 아이를 보고 조금 당황했으나, 성령님께서 아이의 몸 전체가 틀어진 것이 아니라 골반이 틀어졌을 뿐이라는 감동을 주셨다. 그래서 기도로 아이의 다리 길이를 똑같이 맞추어 주었다. 두 다리의 길이가 맞춰지자 틀어졌던 몸이 그 자리에서 정상으로 회복되었다.

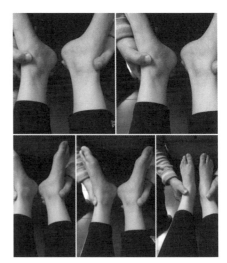

다리길이를 맞추자 온몸이 정상으로 회복되었다

믿음은 바라는 것들의 실상이요 보이지 않는 것들의 증거니 (히 11:1)

• 짧았던 손가락이 길어지다

한국에서 캐나다로 온 뒤 우리 교회에 출석하면서 예수님을 영접한 피아노 반주자의 이야기다. 우리 교회 전도사의 사모로, 예수님을 영접하고 나서 6개월이 되었을 때 교회 부흥회가 있었다. 사모는 마지막 날 집회가 끝나고 나에게 다가와서 "목사님, 제가 양쪽 새끼손가락이 다른 손가락들에 비해 유난히 짧아서 정상적으로 반주를 할 수 없어요. 피아노를 더 배우려고 오스트리아로 유학까지 갔었지만, 불편한 손가락 때문에 포기했습니다. 오늘 목사님이 기도해 주시면 새끼손가락이 길어질 것 같아요"라고 말했다. 나는 사모에게 성령님이 손가락을 길게 해 주실 것을 정말 믿는지 다시 확인한 후 기도를 시작했다. "나사렛 예수의 이름으로 명하노니 짧은 새끼손가락은 다른 손가락에 맞춰서 길어질지어다!" 몇 번 반복해 기도하는데 갑자기 새끼손가락이 쭉 길어졌다. 그러나 다른 손가락에 비해 너무 가늘어서 균형이 맞지 않기에, 다시 기도하기 시작했다. "가느다란 손가락은 정상으로 굵어질지어다!" 몇 차례 반복된 기도에 오른손 새끼손가락이 굵어지더니 정상이 되었다. 그러나 왼손 새끼손가락은 굵어지지 않았다. 나는 사모에게 일단 내일 아침까지 지켜보자고 했다. 다음 날 새벽예배에 참석한 사모가 나에게 왼손 새끼손가락을 보여주며 "목사님, 아침에 일어나니 다 정상이 되어 있었어요"라고 하였다. 살펴보니 실제로 모든 손가락이 정상적으로 길어지고 굵어져 있었다. 짧은 손가락 때문에 피아노를 연주할 때마다 손목에 통증이 있었지만, 성령님께서 치유해 주신 후 지금까지 아무런 통증 없이 반주하고 있다.

• 짧은 혀로 인한 언어장애와 근육위축증의 치유

　2014년 9월 9일부터 25일까지 베트남 단기선교를 떠났다. 9월 14일 주일에 한인 교회에서 집회를 마치고 선교사님들이 운영하는 탁아소를 방문했다. 20여 명의 아이가 기도를 받기 위해 기다리고 있었다. 그중에서 두 아이가 특별하게 기억에 남아 있다. 한 아이는 근육위축증을 가지고 태어나 8살이 될 때까지 몸을 제대로 가누지 못하며 살아가고 있었고, 또 다른 아이는 8살이었는데, 혀가 짧게 태어나 평생 말을 하지 못하고 살아가고 있었다. 나는 즉시 성령님께 어떻게 기도해야 할지 알려달라고 기도했다. 그러자 성령님께서 내 마음 가운데 "다리가 길어지는 것이나, 짧은 손가락을 길게 하는 것이나, 네가 하느냐? 내가 하지"라고 말씀하셨다. 나는 즉시 아이의 입을 벌리게 하고 혀를 내밀어 보라고 했다. 살펴보니 혀 밑과 입안을 연결하는 설소대가 혀의 끝부분에 붙어 있었다. 나는 아이의 혀를 향해 손을 내밀고 "내가 나사렛 예수의 이름으로 명하노니 혀는 길어질지어다!"라고 여러 번 외치며 기도했다. 기도하던 중에 뭔가 '뚝!' 하고 끊어지는 느낌이 들었고 나는 아이에게 나를 따라서 "아멘! 할렐루야!"라고 말해 보라고 했다. 그러자 아이가 "아멘! 할렐루야!"를 따라 하는 것이었다. 하지만 내가 보기에는 혀가 길어진 것 같지 않고 그대로였다.

　바로 그때 옆에 있던 근육위축증을 앓고 있던 아이가 의자를 짚고 목을 꼿꼿이 세우고 일어섰다. 모두가 기쁨의 환호성을 지르고 하나님을 찬양했다. 나는 나머지 아이들에게 기도해 주고 숙소로 돌아왔다. 다음 날 선교 일정상 쉬는 날이었지만, 탁아소 아이들 생각에 쉬고 싶은 마음이 들지 않았다. 집회에 참석했던 장로님에게 부탁해 다시 탁아소에 방문했다. 가 보니 놀랍게도 어제 기도해주었던 아이의 혀가 길어져 있었다. 날 때부터 혀가 짧아서 언어장애를 가지고 살아가던 아이가 말을 할 수 있게 되었고, 근육위축증 환자였던 아이도 자신의 손으로 과자를 집어 먹고 있었다. 하나님께서 아이들을 모두 치료해 주신 것이다. 우리가 담대한 믿음을 가지고 예수님의 이름으로 기도하기만 하면 치유는 성령님께서 하신다. 그리고 그 치유의 현장을 지켜보았던 탁아소의 베트남 선생님들이 모두 그다음 주일부터 한인 교회로 나와 예수 그리스도를 영접했다는 소식을 들었다. 할렐루야!

혀가 짧아서 언어장애를 겪다가 치유된 어린이   근육위측증에서 치유된 어린이

신명기 28장 35절 | 혈액암(백혈병)

여호와께서 네 무릎과 다리를 쳐서 고치지 못할 심한 종기를 생기게 하여 발바닥에서부터 정수리까지 이르게 하시리라

• 백혈병이 치유된 아이

2006년 5월 나는 캐나다 토론토에서 운영하고 있던 사업장을 접기 위해 내놓았고, 한 부부가 인수를 하고 싶다며 찾아왔다. 그들에게는 3살짜리 아들

이 있었는데, 입술이 파랗다 못해 까맣고 누가 보아도 병색이 짙었다. 나는 부모에게 왜 이런지 물어보았다. 부모는 "아이가 돌 지나고 나서 백혈병 진단을 받았는데, 그때부터 지금까지 매주 2-3번씩 응급실에 가야 합니다. 오늘도 응급실에 갔다 오는 중이에요. 응급실에 가면 매번 약값으로 150불이나 지불해야 하고, 병원에 갈 때마다 가게를 봐줄 사람을 불러야 하니 경제적 부담도 이만저만이 아닙니다"라고 했다. 나는 아이를 붙잡고 눈물로 기도해 주었다. 그 이후로 아이는 한 번도 응급실에 가지 않았고, 5살 되던 해에 병원에서 백혈병 완치 판정을 받았다. 나는 당시에 예수를 믿지 않던 부모에게 "하나님께 감사하세요"라고 했지만, 그들은 "저희는 하나님이 아이를 고쳐 주셨다고 생각하지 않아요. 그냥 때가 되어 우연히 나았다고 생각해요"라고 대답했다. 나는 매우 안타까웠다. 그렇게 시간이 많이 흐른 뒤 어느 날 한인타운에서 식품점을 운영하는 권사님이 나에게 물어왔다. "목사님이 기도해 주셔서 ○○가 백혈병에서 치료되었다면서요?" 나는 매우 놀랐다. 알고 보니 아이의 부모는 이후에 예수님을 믿게 되었고, 많은 사람에게 간증하고 다녔다고 한다. 할렐루야! 우리가 기도하기만 하면, 모든 치료와 구원은 하나님께서 하신다.

• 루푸스가 치유된 소녀

2017년 6월, 한 가정이 아버지의 직장 때문에 한국에서 캐나다로 오게 되었다. 나는 그 가정에 우리 교회를 출석하게 된 이유를 물어보았다. 어느 교회로 가야 할지 고민하던 중 인터넷 검색을 통해 토론토순복음영성교회 홈페이지를 방문했고, 설교 중 하나를 골라 들어보았는데 놀랍게도 루푸스가 치료되었다는 간증이 나왔다고 했다. 당시 10살 된 딸이 루푸스, 신장결석, 간질, 특발성 고칼슘뇨증, 요로감염, 신우신염, 만성 태선양 비강진(피부질환), 자반증 (피부질환) 등의 질병을 앓고 있었는데, 설교를 듣고 '루푸스가 기도로 치료가 되는구나' 하는 믿음을 얻어 우리 교회에 출석하기 시작했다. 이후 아이가 밝아지고 몸이 전과 다르게 건강해진 것을 보았다. 하루는 진료를 위해 병원에 갔는데, 아이에게서 루푸스가 보이지 않는다며 놀라워했다. 아이는 꾸준히 기도를 받아, 갖가지 병을 치료받고 건강하게 살아가고 있다. 회개하고 다시 돌아서는 자에게 하나님께서는 모든 죄를 사하시고 불순종의 저주로부터 온 병을 깨끗하게 치료해 주신다.

• 신경모세포종이 낫다

다음은 손자의 불치병이 나음을 간증하는 할아버지의 글이다.

「손자를 위해 목사님께 기도 받은 지 벌써 9개월이 지나가고 있습니다. 9살된 제 손자는 서울대병원에서 신경모세포종 4기라는 진단을 받고 2차례의 대수술과 더불어 조혈모세포 이식 2차례, 항암치료 12차례, 방사선치료 10차례를 받았습니다. 그리고 그 후유증으로 혈소판과 헤모글로빈 수치가 저하되어 신장과 심장의 부종으로 고통받고 있었습니다.

치료 방법을 알아보다가 고가의 신약을 2주에 한 번씩 맞기 시작했는데, 그때 마침 희귀병에 대해 나누는 그룹채팅방에서 김석재 목사님을 알게 되었고, 토론토순복음영성교회 홈페이지에서 목사님 설교를 들어 보았습니다. "뿌리를 찾아 캐내라"는 말씀은 저에게 새로운 세상을 보게 했습니다. 보호기도, 대적기도, 차단기도는 가뭄에 단비가 되어 제 영혼을 깨어나게 했습니다. 새벽

기도와 주일 예배 말씀을 챙겨 들으며 믿음의 확신을 얻게 되었고, 새벽예배를 드리던 중 목사님께 꼭 기도 받아야겠다는 마음이 생겨서 예배를 마치자마자 목사님께 우리 손자의 사정을 카카오톡으로 보냈는데, 바로 목사님이 전화를 주셨습니다. 그때의 감격은 지금도 생생하게 기억하고 있습니다. 그때부터 9개월 동안 하루도 빠지지 않고 기도해 주신 목사님, 아침마다 어린이 병원에서 가장 조용한 곳을 찾아 목사님께 전화를 드리고 기도 받는 것이 우리 가족에게는 예배였고 위로였습니다.

마지막 수단이라는 신약도 잘 듣지 않자, 의사들은 아이의 신장 투석을 망설였습니다. 어느 날 심장 수치가 5000까지(정상은 100 이하) 올라가는 상황이 왔고, 주치의와 심장 전문의, 신장 전문의의 협진 결과, 심장을 치료할 수 없을 것이라는 절망적인 이야기를 들었습니다. 곧장 저는 목사님께 기도를 부탁드렸습니다.

정말 놀랍게도 목사님의 기도 직후 손자의 심장 수치가 200 이하로 떨어졌습니다. 그때의 기적이 아직도 생생합니다. 그 이후 손자는 조금씩 건강을 되찾았고, 지금은 밥도 잘 먹고, 잠도 잘 자고, 변도 하루에 한 번은 꼭 누는 등 평범한 생활을 회복했습니다. 목사님, 감사합니다. 작은 자를 불쌍히 여기시는 예수님의 마음을 본받고, 치료사역의 마지막은 영혼 구원이라는 목사님의 말씀을 가슴에 품고 잊지 않겠습니다. 작년 어린이날에는 손자가 병원에서 보냈는데 2020년 5월 5일 어린이날은 모처럼 가족 모두가 함께 식사를 할 수 있었습니다. 너무나 감격스러워 감사의 글을 올려드립니다. 너무너무 감사합니다. 목사님.」

2020년 8월, 손자는 모든 수치가 정상으로 돌아왔고, 암 완치 판정을 받았다.

신명기 28장 60-64절 | 희귀병(원인을 알 수 없는 병)

여호와께서 네가 두려워하던 애굽의 모든 질병을 네게로 가져다가 네 몸에 들어붙게 하실 것이며 또 이 율법책에 기록하지 아니한 모든 질병과 모든 재앙을 네가 멸망하기까지 여호와께서 네게 내리실 것이니 너희가 하늘의 별 같이 많을지라도 네 하나님 여호와의 말씀을 청종하지 아니하므로 남는 자가 얼마 되지 못할 것이라 여호와께서 너희에게 선을 행하시고 너희를 번성하게 하시기를 기뻐하시던 것 같이 이제는 여호와께서 너희를 망하게 하시며 멸하시기를 기뻐하시리니 너희가 들어가 차지할 땅에서 뽑힐 것이요 여호와께서 너를 땅 이 끝에서 저 끝까지 만민 중에 흩으시리니 네가 그 곳에서 너와 네 조상들이 알지 못하던 목석 우상을 섬길 것이라

• 이유를 알 수 없는 반복된 졸도가 사라지다

여러 질환을 가지고 있었던 79세 집사님의 이야기다. 원래 굉장히 건강했던 분이었는데 14년 전에 심장 스텐트 시술을 받다가 의식을 잃으면서 2달간 혼수상태에 빠졌고, 뇌 13군데에 출혈이 생겼다. 그는 혼수상태에서 깨어났지만, 뇌출혈로 인한 뇌졸중, 호흡기 장애, 왼쪽 반신마비, 우울증, 불면증, 저혈압, 당뇨, 왼쪽 다리의 심한 통증 등의 고통 속에서 살아가야 했다. 그뿐만 아니라 6년 전부터는 이유 없이 반복적으로 졸도하기 시작했다. 밥을 먹다가 숟가

락을 입에 문 채로 졸도하고, 교회에 가기 위해 엘리베이터를 탔다가 졸도하고, 걷다가 졸도해서 응급실에 수도 없이 실려 갔다. 왼쪽 무릎 아래부터 발가락까지와 양손이 늘 차가워서 악수를 하면 상대방이 깜짝 놀라곤 했다. 왼쪽 무릎부터 발가락까지의 통증은 얼마나 심했던지 진통제인 타이레놀3을 하루에 9-12알씩 10년을 넘게 먹었다. 이 약은 굉장히 독해서 보통 하루 3알씩, 두 달 이상은 잘 처방해 주지 않는다. 하지만 이 집사님은 통증에서 벗어나야만 밥을 먹고 잠을 잘 수 있기에 처방을 받아 오랫동안 과다복용해 왔다.

나는 이 집사님을 위해 전심으로 계속해서 기도와 수기치료를 해 주었다. 반복된 기도와 치료를 통해 집사님의 몸 상태가 점점 좋아졌다. 그러던 어느 날 이 집사님이 성전에 들어오면서 "목사님, 머리 아픈 것, 심장 조이는 것, 쓰러지는 것, 손발이 차가운 것, 다리의 통증, 마비, 냉기, 불면증이 다 사라지고 너무나 몸도 가벼워지고 편해졌습니다"라며 눈물을 흘렸다. 성령님의 치유에 놀란 것은 나와 이 집사님뿐만이 아니었다. 이 집사님의 주변 사람들도 매우 놀라워했다. 따뜻해진 손 때문에 악수를 하다가 놀라고, 힘차게 걷는 모습, 또렷해진 눈빛, 정확해진 발음, 늘어난 식사량에 놀랐다. 그리고 그가 눈물을 흘리며 하나님께 영광을 돌리며 간증하는 모습에 모두 함께 감격했다.

• '걸어다니는 종합병원'이었던 은퇴목사님이 치유받다

2017년 1월 중순, 토론토에서 사역하시다 은퇴하신 목사님이 우리 교회에 찾아오셨다. 목사님은 당시 77세이셨는데, 어려서부터 천식을 앓아왔으며, 꽤 오래전부터 허리가 너무 아팠다고 했다. 게다가 심장혈관 세 개중 하나는 70 퍼센트, 두 개는 40퍼센트가 막혔고, 당뇨, 전립선, 위경련 등으로 하루에 약을 한 주먹씩 먹어야 했다. 심지어 가끔은 원인을 알 수 없는 기절을 한다고도 했다. 제일 먼저 틀어진 골반 때문에 짧아진 왼쪽 다리가 길어지도록 기도를 해 드렸고, 허리 통증이 즉시 나았다. 천식을 위해 기도해 주었지만 기침이 그치지를 않아 심장을 놓고 기도해 드렸더니 기침이 멈추고 답답했던 심장이 가벼워졌다. 목사님은 두 차례 더, 총 세 차례에 걸쳐 기도와 수기치료를 받고 완전히 자유함을 얻었다. 마지막으로 "이 시대에도 치유사역이 절실히 필요하다는 것을 느꼈습니다"라고 하시며 집으로 돌아가셨다.

우리는 이 목사님이 치료받은 후 집으로 돌아가며 남긴 말을 다시 생각해 볼 필요가 있다. 목사님의 딸은 의사여서, 아버지가 권위 있는 의사들에게 진료받도록 했지만 누구도 고쳐줄 수 없었다. 목사님은 열정적으로 목회를 하셨음에도 불구하고 치유기도의 필요성을 느끼지 못하다가, 자신이 병들어 갖은 고생을 다 한 후에야 치유사역의 필요성을 느꼈다. 이 이야기가 이 목사님에게만 국한된 것일까? 그렇지 않다. 목회자의 입에서 "치유기도가 필요합니다"라는 말이 나오기까지 그의 성도들은 질병의 고통 속에서 얼마나 암울한 생활을 해야만 했을까? 우리는 질병의 고통에 빠진 영혼들을 위해서 사명감을 가지고 예수님이 하셨던 3대 사역을 회복시켜야 한다. 하나님은 어제나 오늘이나 영원토록 동일하게 살아 역사하신다.

* **수기치료란?** 약물이나 수술 없이 오직 손으로 인체에 쌓인 딱딱한 유해물질을 분해 및 배출시켜 혈관을 정상화하고, 혈행을 원활하게 만들어 병을 치료하는 대체의학으로, 압통점(壓痛點)을 찾아 1~2분 동안 누르는 것이 핵심이다.

현대사회에서 가장 심각한 병 : 정신질환

우리는 흔히 눈에 보이는 병이나 신체적 장애를 심각하게 여긴다. 하지만 정말 무서운 병은 우리 눈에 보이지 않는 정신질환이다. 스트레스 속에서 살아가는 현대인이라면 누구나 한 번쯤은 정신질환에 대해 고민해보았을 것이다. 수많은 사람이 정신질환에 고통받고 있으면서도 적극적인 치료받는 것을 꺼린다. 그러나 치료하기 까다로운 정신질환조차도 하나님께서는 완벽하게 치료하신다.

아무것도 염려하지 말고 다만 모든 일에 기도와 간구로, 너희 구할 것을 감사함으로 하나님께 아뢰라 그리하면 모든 지각에 뛰어난 하나님의 평강이 그리스도 예수 안에서 너희 마음과 생각을 지키시리라 (빌 4:6-7)

Uproot it

스트레스 :
정신적·육체적 질병의
가장 큰 원인

나는 정신적인 문제를 가지고 있는 많은 사람을 상담하고 치유하면서 그들의 생각, 마음, 지식, 감정, 의지, 기억을 지배하고 있는 스트레스, 근심, 걱정, 염려가 마치 '영적인 와이파이 공유기'와 같은 역할을 한다는 것을 깨달았다. 영적 와이파이를 통해 악한 영과 계속 연결되어 있을 뿐만 아니라 정보를 주고받는다. 우리는 근심, 걱정, 염려, 스트레스, 마음의 상처, 쓴 뿌리로 만들어진 송수신 탑을 모두 제거해야 한다. 염려와 스트레스는 우리의 영적 성장을 방해하기 위해 마음을 가시떨기 밭으로 만든다(막 4:18-19). 방해하는 영들을 막아내기 위해 우리는 스트레스와 부정적인 마음을 비워야 하지만, 우리의 힘으로는 쉽지 않다. 따라서 우리는 성령님께 생각, 마음, 지식, 감정, 의지, 기억을 모두 주관해 달라고 기도해야 한다. 우리의 모든 두려움, 근심, 걱정, 염려, 불안, 초조함, 스트레스를 십자가 앞에 내려놓고, 성령님을 초청하여 내면에 있는 두려움, 상처, 쓴 뿌리, 분노 등을 깨끗이 제거하여 새사람을 입어야 한다.

2020년 코로나 팬데믹 사태로 온 세계가 혼돈과 두려움에 빠졌다. 코로나19에 직접 감염되지 않았다고 해도, 혹시 걸릴지도 모른다는 정신적인 스트레스와 혼돈, 두려움과 불안한 마음이 사람들을 고통스럽게 하는 것이다. 성경에서는 불순종의 저주로 인한 두려움, 눈으로 보는 것으로 인한 미침, 정신착란, 자살, 우울증, 불면증에 대해 자세히 말씀하고 있다. 이 말인즉슨, 모든 병은 하나님께서 내리신 것이기에 하나님께서 해결하셔야 한다는 것이다. 그러므로 성경에 기록된 병들로 인한 환자들의 신음은 교회의 책임이다. 교회가 더욱 기도하여 불순종의 저주로 인한 정신병으로부터 영혼들이 치유받도록 해야 한다.

스트레스로 인해 복부에 차는 가스의 위험성

스트레스로 발생한 체내 가스가 얼마나 위험한지 잠시 짚고 넘어가고 싶다. 스트레스로 인해 복부에 가스가 차면 육체의 모든 기능이 저하되어 정상적으로 살아갈 수가 없다. 복부에 가스가 차면 다양한 질병이 일어나는데, 매우 위험해지기도 한다. 소화 기능을 망가뜨려 소화기 계통의 암으로 발전하기도 하고, 심장과 뇌의 기능에 문제를 일으켜서 각종 중병을 만든다. 나는 환자들에게 "스트레스는 주는 것도 죄이지만, 받는 것 역시 죄이니 '스트레스받는 죄'를 범하지 말아야 합니다"라고 권면한다.

현대에서 스트레스를 받지 않고 살아간다는 것은 사실 불가능해 보인다. 그러나 우리가 기억해야 할 말씀이 있다.

항상 기뻐하라 쉬지 말고 기도하라 범사에 감사하라 이것이 그리스도 예수 안에서 너희를 향하신 하나님 뜻이니라 (살전 5:16-18)

환경에 반응하여 생기는 부정적인 감정을 뛰어넘어, 항상 기뻐하고 범사에 감사하며 쉬지 않고 기도하는 자만이 스트레스를 이겨낼 수 있다.

복부에 찬 가스로 인한 질환은 기도와 함께 수기치료를 병행하는 것이 좋다. 배꼽과 그 주위를 눌러주어 배에 찬 가스를 모두 빼내는 것이다. 어릴 때 우리 집은 장작불로 난방을 하다가, 연탄보일러로 바꾸었다. 장작보다 연탄보일러가 훨씬 따뜻했는데, 가끔 방바닥이 차가워지면 부모님이 "보일러에 공기가 찼나 보다"라며 확인하러 나가시곤 했다. 아버지는 그때마다 보일러에 물이 흐르는 부분의 손잡이를 당기셨고, 그 사이로 물과 함께 공기가 푸득푸득 소리를 내면서 빠져나왔다. 공기가 다 빠진 후에는 다시 물이 쭉 나오기 시작하는데, 물이 다 빠지면 아버지는 손잡이를 제자리로 돌려서 물이 나온 입구를 다시 막았다. 그러면 금방 방바닥이 따뜻해졌다. 우리 뱃속의 가스도 이 원리와 같다. 뱃속에 가스가 차면 체내순환이 제대로 이루어지지 않는다. 복부 가스만 제거하고도 완치되는 환자를 많이 보았는데, 대부분 병원에서 "통증의 원인을 알 수 없다"는 진단을 받았던 이들이다.

• 원인을 알 수 없는 복부의 통증

다음은 심각한 복부 통증에서 자유함을 얻은 자매의 간증이다.

「저는 오랫동안 극심한 통증에 시달렸습니다. 그러나 병원에서는 원인을 모른다고 했습니다. 지금까지 교회를 다니며 수없이 기도를 받았지만 차도가 없었습니다. 생활하다 보면 갑자기 죽을 것 같은 통증이 시작되고, 가끔은 졸도도 했습니다. 하지만 통증이 멈추면 언제 그랬냐는 듯이 몸이 괜찮아지곤 했습니다. 이런 일이 계속 반복됐지만 병의 원인을 몰라서 근본적인 치료를 하지 못했습니다.

그러던 중 2016년 11월 토론토순복음영성교회 부흥회에 참석했습니다. 처음에는 하루만 참석하려 했는데, 3일 내내 참석하며 목사님께 기도도 받았습니다. 집회를 계기로 토론토순복음영성교회에 등록하게 되었고 김석재 목사님께 집중적으로 치유기도를 받기 시작했습니다. 이후로 극심한 통증과 증상들이 사라졌는데, 특히 심한 두통이 사라져 일상생활을 하는 데 지장이 사라졌습니다.

성령님의 놀라운 치유의 역사에 기뻐하던 것도 잠시, 그동안 느껴본 적 없는 극심한 고통이 어느 날 몰려왔고, 다시 병원에 실려 가게 되었습니다. 고통에 몸부림치는 저에게 응급실에서는 모르핀 진통제를 놔주었습니다. 몽롱한 정신으로 여기저기 실려 다니며 검사를 받았지만 원인을 찾을 수 없었습니다. 병원에서는 저를 진단하려 회의도 하고, 제가 3달 전에 실려 갔던 병원에 연락하여 차트를 구해 보기도 했습니다. 그러나 역시나 통증의 원인을 찾아내지 못하고, "당신에게 매달 생리 일주일 전에 찾아오는 통증이 이번에는 특별히 심하게 온 것 같습니다"라고 했습니다. 그러면서 통증이 시작되면 언제든 응급실에서 산부인과 진료를 받도록 서류를 써주고, 타이레놀과 모르핀을 처방한 후 저를 퇴원시켰습니다. 낙담한 저는 '차라리 통증이 시작되었을 때 교회로 실려 갔다면 나았을 텐데'라는 생각이 들었습니다.

저는 퇴원하고도 극심한 통증 속에서 진통제에 의지했습니다. 그렇게 며칠이 지난 어느 날, 교회 자매님이 기도를 받아야 나을 수 있다며 반강제로 힘없는 저를 부축하여 성전에 데려다주었습니다. 목사님께선 저를 위해 기도해 주셨고 1시간 이상의 축사가 일어났습니다. 기도가 끝나자 극심했던 통증이 가라앉으며 치유함을 얻었습니다. 다음 날 새벽기도 때, 목사님께서 기도해 줄 때, 온몸에 따뜻한 성령의 전율이 흐르며 저를 힘들게 했던 모든 것들이 떠나감을 느꼈습니다. 그 즉시 저는 자유함을 얻었습니다. 토론토순복음영성교회가 있었기에 원인조차 모르고 아팠던 수많은 날이 꿈같이 사라지고 이렇게 건강을 얻을 수 있게 되었습니다. 모든 영광을 하나님께 올려드립니다.」

이 자매의 통증 원인은 스트레스로 인해 복부에 가득 찬 가스였다. 자매는 스트레스를 잘 받는 성격이었는데, 악한 영이 생각, 마음, 감정, 의지를 지배하여 두려움과 염려를 하게 만들고, 육체를 병들게 했던 것이었다.

Uproot it

정신질환에서 자유함을 얻은 사람들

　현대의학과 과학 기술이 눈부시게 발전했음에 비해 교회의 영적 지식은 제자리걸음은커녕 퇴보하고 있는 것 같다. 특히 정신병과 귀신들림에 대해 성경이 이미 많은 말씀을 주셨지만, 인간은 이성과 지식에 묻혀 눈에 보이는 기술만 의지하고 있다. 앞서 사역하신 선배 목회자들과 신학교 교수들은 정신병과 귀신들림을 분별할 수 있어야 한다고 말한다. 옳은 말이다. 반드시 '분별'해야 한다. '영적 분별'을 해야만 한다.

　어느 날 정신과 의사에게 물었다. "정신과 의사는 정신병과 귀신들림을 구분할 수 있습니까?" 그는 나에게 거꾸로 물어왔다. "아니요, 어떻게 구분할 수 있을까요?" 성경은 정신병에 대해 정의하고, 원인과 내쫓는 방법까지 정확히 가르쳐주고 있다. 예수님께서는 방법이 기도 외에는 없다고 말씀하셨다. 사람의 힘으로는 아무것도 할 수 없지만, 기도하면 성령님께서 치료하신다. 예수님께서 보내주신 보혜사 성령님은 언제나 우리와 함께하시며, 2천 년 전 행하셨던 일을 동일하게 행하신다. 예수님의 사역은 귀신을 내쫓고, 병든 자를 치유하심으로 저주를 축복으로, 절망을 소망으로, 슬픔을 기쁨으로, 죽음을 새 생명으로 바꾸는 것이다. 아직도 눈앞의 환자가 정신질환인지 귀신들림인지 구분하기 위해 들여다보고만 있는가? 아니면 감당하기 어려워 애써 외면하며 변명만 하고 있는가? 예수님의 참된 사랑을 기억하며 정신병과 귀신들림으로 고통받는 환자를 위해 가장 시급한 것이 무엇인지 생각하고 시도해 보라. 환자를 위해 성령님을 의지하여 기도하다 보면 정신병과 귀신들림을 분별할 수 있을 것이다.

신명기 28장 65절 | 정신질환(정신분열)

그 여러 민족 중에서 네가 평안함을 얻지 못하며 네 발바닥이 쉴 곳도 얻지 못하고 여호와께서 거기에서 네 마음을 떨게 하고 눈을 쇠하게 하고 정신을 산란하게 하시리니

'정신분열'(조현병)은 자살과 두려움, 공포와 깊이 연관되어 있다. 정신분열 환자를 위해 기도할 때는 죽음과 자살, 두려움과 공포를 쫓아내는 기도를 해야 한다. 정신병으로 고생하는 환자들을 위해 기도하고 상담하다 보면, 우상숭배를 통한 불순종이 원인인 경우가 많다. 이 병은 하나님의 말씀을 의지하여 기도로 치유하는 병이다. 하지만 일반인은 물론이고 신학교에서조차 정신병과 귀신들림을 구분해야 한다면서 기도해도 별수없다고 가르치고 있다. 우리나라는 우울증, 조울증, 정신분열 등이 마치

유행처럼 번지고 있고, 많은 환자와 가족을 고통스럽게 하고 있다. 그들에게 성령님의 도움이 절실히 필요하다.

정신과 약물치료를 10년 이상 받았는데도 효과를 보지 못한 환자를 많이 만났다. 그러나 그들도 강력한 축사를 통해 완치되었다. 환자의 정신과 마음, 지식, 감정, 의지, 기억 등을 묶고 있는 악한 영과 더러운 귀신을 쫓아내자 그전까지 볼 수 없었던 치유가 나타났다. 기도를 받은 후 환자들은 수면제로도 못 이루던 잠을 잘 수 있었고, 마음에 평안이 흐르며, 성품을 스스로 다스릴 수 있는 여유가 생겼다. 우리는 성령님의 능력을 의지하여 기도함으로써 전인구원의 역사가 이 시대에도 분명히 나타나고 있음을 드러내야 한다. 정신질환의 치유는 교회의 몫이다. 교회가 기도를 통해 정신적 질병을 치료할 때 새로운 부흥의 전기가 마련될 것이다.

• 정신분열로 고통받던 청년이 치유되다

2009년 9월, 정신분열로 고통받던 24세 청년이 아버지와 함께 교회로 찾아왔다. 공부도, 운동도 모두 잘했던 청년은, 당시로부터 8년 전에 다니던 교회에서 원주민 선교를 갔다 온 이후 정신분열 증상이 나타나기 시작했다. 선교지에서는 예배를 드리다가 갑자기 발작을 일으켜 성전을 뛰쳐나갔다. 차도로 뛰쳐나간 그는 인덕올 100km 이상의 속도로 달려 내려오던 트럭에 정면으로 치였다. 그러나 청년은 기적적으로 뼈 하나 다치지 않았다. 한국에 돌아오자마자 병원에 가 검사를 받았는데, 정신분열이라는 판정을 받았다. 이후 청년은 부모의 감시가 소홀해지면 차에 뛰어 들어가 수 없이 자살을 시도했다. 아버지는 세탁소를 운영하는 장로님이었는데, 결국 자신의 발과 아들의 발을 줄로 길게 묶은 채로 일을 하며 생활했고, 밤에 잠을 잘 때도 서로의 손목을 묶은 채로 잠을 잤다. 청년은 심한 불면증으로 인해 8년간 하루도 제대로 잠을 잔 적이 없다고 했다. 안타까운 사연을 듣고 청년을 위해 기도를 시작했다. 그러자 청년의 할머니를 가장한 무당 귀신이 드러났다. 귀신을 내쫓고 계속해서 기도하자 이번에는 외할머니를 가장한 무당 귀신이 나타났다. 부모의 가정에 무당의 영이 깊이 뿌리내려져 있었기 때문이었다. 청년의 병은 하나님이 가장 미워하시는 우상과 미신을 섬긴 불순종의 저주로 인한 정신분열이었다. 그렇게 무당의 영을 모두 내쫓은 이후 청년은 매일 10시간 이상을 푹 자기 시작했다. 아버지의 표현으로는 아들을 발로 차서 깨워야 할 정도로 잠을 깊게 자게 되었다고 한다. 청년은 아버지의 가게를 이어받아 운영하고 있고, 아버지는 토론토에서 목사가 되었다.

• 자해와 자살시도를 하던 성도가 치유됐다

2007년 7월, 타 교회 권사의 소개로 우리 교회에 오게 된 당시 40대 후반의 성도는 여러 가지 정신질환들로 고통받고 있었다. 심한 불면증으로 20년 동안 단 하루도 제대로 잠을 잔 적이 없었고, 늘 자살을 생각하며 살아왔다. 이 성도는 한국에 살면서 경기도 안산에 소재한 교회에 다녔는데, 효도하겠다는 마음으로 시어머니를 따라 절에도 다녔다고 했다. 어느 날 시어머니를 따라 무당 푸닥거리하는 곳을 찾아갔는데 무당이 갑자기 성도에게 신내림을 받아야 한다고 말했다. 무당의 말에 신내림 굿을 세 번이나 했고, 그 뒤부터 몸에 이상과 함께 정신착란 증세가 시작되었다. 병원은 물론이고, 다니던 교회에서조차 이 증상이 신내림 굿으로부터 시작됐다는 사실을 알지 못했다. 성도가 자해를 하고, 자살을 기도하거나 1년에 두 차례 정도 임신한 사람처럼 배가 불러오는 증상이 나타나면 성도를 정신병원에 입원시켰다. 정신병원에 들어가는 게 싫었던 성도는 남편을 설득하여 딸 둘을 데리고 토론토로 유학을 떠났다. 하지만 3개월 만에 다시 정신착란 증세와 함께 자살을 시도했다. 사건으로 인해 남편은 아내와 자녀들을 데리러 토론토로 왔고, 돌아가기 싫었던 성도는 한인여성봉사회에 찾아가 도움을 요청했다. 그는 캐나다 정부에서 제공하는 임시거처를 얻게 되어 입주 첫날 한인 상점에 갔다가 우리 교회 권사님을 만나 나와 만나게 되었다.

나는 매일 아침, 저녁으로 그를 위해 기도해 주었다. 불면증으로 인해 5분도 채 되지 않았던 수면 시간이 점점 늘어 나중에는 4시간을 통으로 잘 수 있게 되었다. 그렇게 2년 3개월 동안 그를 위해 기도하면서, 자살과 죽음의 영을 끊어내기 위한 기도법을 배울 수 있었다. 어느 날 성도가 임시거처를 옮기게 되어, 이사를 마친 뒤 중보기도팀과 심방을 갔다. 그런데 현관문을 열고 들어서자마자 교회에서 챙겨준 음식을 제사상 차리듯 깔아놓은 것을 발견했다. 이게 뭐냐고 묻자, 성도는 밤만 되면 자살한 시아버지를 가장한 귀신과 강에 빠져 죽은 시숙을 가장한 귀신이 나타나 배고프다고 해서 차렸다고 답했다. 귀신들은 "너희 가정이 행복한 꼴을 나는 못 본다"라며 괴롭히기까지 한다고 했다. 나와 중보기도팀은 기도로 악한 귀신들을 쫓아냈다. 그러자 그의 인생이 바뀌기 시작했다. 잠도 잘 자고, 건강을 되찾았다. 우리 교회가 이사를 하면서 한동안 만나지 못했지만, 6년 후, 교회에 찾아와서 자신의 상태를 전해왔다. 기도를 받은 이후로 한 번도 자해나 자살을 시도하지 않았고, 배가 불러오는 현상도 사라졌으며 귀신도 찾아오지 않는다며 기도의 힘을 간증했다.

신명기 28장 66절 | 자살

네 생명이 위험에 처하고 주야로 두려워하며 네 생명을 확신할 수 없을 것
이라

몇 년 전 어떤 목사님이 캐나다 출신의 맥켄지(James Noble Mackenzie) 선
교사에 대해 쓴 글을 읽은 적이 있다. 맥켄지 선교사는 우울증과 정신착
란으로 인해 자살로 생을 마감했는데, 성경에 자살하면 지옥에 간다는
말이 없으니 그가 지옥에 갔다고 말할 수 없을 뿐 아니라 그와 같이 사역
을 잘 감당한 사람은 자살해도 지옥에 가지 않는다는 내용이었다. 과연
옳은 말일까? 죽음의 영과 자살은 동정할 대상이 아니다. 그러나 많은
사람이 속아 자살의 사정을 생각해야 한다고 말한다. 우리는 악을 분별
하지 못하고 미혹당해서는 안 된다. 자살은 생명을 도적질하고, 당사자
뿐 아니라 가족과 이웃을 파멸로 몰아간다.

도둑이 오는 것은 도둑질하고 죽이고 멸망시키려는 것뿐이요 내가 온 것은
양으로 생명을 얻게 하고 더 풍성히 얻게 하려는 것이라 (요 10:10)

우리는 죽음의 영의 속삭임에 넘어가 하나밖에 없는 귀한 생명을 헌신
짝처럼 버리는 경우를 수없이 본다. 죽음의 영이 미혹하며 다가와 자살
을 부추길 때 예수의 이름으로, 보혈과 성령과 말씀으로, 차단하고 대적
하여 승리하라.

2018년 성남에서 저녁 집회를 하던 중에 담임목사님과 그 자리에 참석한 정신과 전문의를 강단으로 불러, 성도들을 바라보게 했다. 그리고 "지금 이 자리에 계신 분 가운데 과거 자살을 시도해봤던 분, 지금 이 순간에도 자살을 생각하고 있는 분, 항상 자살에 대한 생각이 자신을 괴롭히고 있는 분, 자살을 시도하려고 마음을 먹었던 분은 손을 들어보세요"라고 말했다. 그러자 대략 10명 중 3명이 손을 들었다. 안타깝게도 상당수가 청년이었다. 담임목사님도, 정신과 전문의도, 강사인 나도 놀랐다. 이것이 우리나라의 현실이다.

> 끝으로 너희가 주 안에서와 그 힘의 능력으로 강건하여지고 마귀의 간계를 능히 대적하기 위하여 하나님의 전신 갑주를 입으라 우리의 씨름은 혈과 육을 상대하는 것이 아니요 통치자들과 권세들과 이 어둠의 세상 주관자들과 하늘에 있는 악의 영들을 상대함이라 그러므로 하나님의 전신 갑주를 취하라 이는 악한 날에 너희가 능히 대적하고 모든 일을 행한 후에 서기 위함이라 (엡 6:10-13)

교회가 이 말씀을 모르겠는가? 그렇지 않다. 그러나 잘 알면서도 기도하지 않는 죄를 범하고 있다. 악한 영으로부터 공격을 받아 지금 이 순간에도 죽음을 생각하는 이웃에게 예수님의 이름을 선포하지 못한다면, 과연 우리는 믿음의 성도라고 할 수 있을까?

성경은 천국과 지옥이 이 땅에도 있다고 말한다. 성령세례를 받고 권능을 입으면 내 안에 상처와 쓴 뿌리와 저주가 떠나가고 하나님 나라가 임한다. 성령을 받은 사람은 하나님 나라를 일상에서 누리지만, 자살한 사람은 이미 세상에서 지옥을 살고 있기 때문에 자살을 선택한 것이다. 성령을 받지 못해 우울한 삶을 사는 이가 죽은 뒤에 천국에 갈 수 있을까? 그리스도의 죽음과 부활을 알지 못하고 예수님께서 십자가에서 죽기까지 우리를 사랑하셨다는 사실을 알지 못하면 천국에 이를 수 없다. 우리는 회개하여 성령을 받고 하나님 나라의 백성답게 하나님 나라 안에서 하나님의 통치를 받으며 살아가야 한다.

> 바리새인들이 하나님의 나라가 어느 때에 임하나이까 묻거늘 예수께서 대답하여 이르시되 하나님의 나라는 볼 수 있게 임하는 것이 아니요 또 여기 있다 저기 있다고도 못하리니 하나님의 나라는 너희 안에 있느니라 (눅 17:20-21)

성경에 기록된 자살

신명기 28장 66-67절은 자살의 가장 큰 원인이 '두려움'이라고 말한다. 두려움으로부터 시작되는 우울증과 불면증은 물론이고, 자신의 잘못이 밝혀졌을 때 다가오는 수치심과 죄책감, 자책감과 모멸감도 자살의 큰 원인이 된다. 또한, 무너진 자존감으로 인해 일어나는 분노, 미움과 증오심, 시기와 질투, 용서하지 못하는 마음도 마찬가지다. 복합적이고 부정적인 감정이 폭발을 일으켜 벌어지는 것이 바로 자살이다. 특별히 예수님의 공생애 당시 제자였던 가룟 유다의 행적을 살펴보면 우리는 자살에 대한 해답을 얻을 수 있다.

유월절 엿새 전에 예수께서 베다니에 이르시니 이 곳은 예수께서 죽은 자 가운데서 살리신 나사로가 있는 곳이라 거기서 예수를 위하여 잔치할새 마르다는 일을 하고 나사로는 예수와 함께 앉은 자 중에 있더라 마리아는 지극히 비싼 향유 곧 순전한 나드 한 근을 가져다가 예수의 발에 붓고 자기 머리털로 그의 발을 닦으니 향유 냄새가 집에 가득하더라 제자 중 하나로서 예수를 잡아 줄 가룟 유다가 말하되 이 향유를 어찌하여 삼백 데나리온에 팔아 가난한 자들에게 주지 아니하였느냐 하니 이렇게 말함은 가난한 자들을 생각함이 아니요 그는 도둑이라 돈궤를 맡고 거기 넣는 것을 훔쳐 감이러라 (요 12:1-6)

예수께서 대답하시되 내가 떡 한 조각을 적셔다 주는 자가 그니라 하시고 곧 한 조각을 적셔서 가룟 시몬의 아들 유다에게 주시니 조각을 받은 후 곧 사탄이 그 속에 들어간지라 이에 예수께서 유다에게 이르시되 네가 하는 일을 속히 하라 하시니 이 말씀을 무슨 뜻으로 하셨는지 그 앉은 자 중에 아는 자가 없고 어떤 이들은 유다가 돈궤를 맡았으므로 명절에 우리가 쓸 물건을 사라 하시는지 혹은 가난한 자들에게 무엇을 주라 하시는 줄로 생각하더라 유다가 그 조각을 받고 곧 나가니 밤이러라 (요 13:26-30)

그 때에 예수를 판 유다가 그의 정죄됨을 보고 스스로 뉘우쳐 그 은 삼십을 대제사장들과 장로들에게 도로 갖다 주며 이르되 내가 무죄한 피를 팔고 죄를 범하였도다 하니 그들이 이르되 그것이 우리에게 무슨 상관이냐 네가 당하라 하거늘 유다가 은을 성소에 던져 넣고 물러가서 스스로 목매어 죽은지라 (마 27:3-5)

이 말씀을 통해서 사탄이 사람의 탐욕과 함께 자살까지 조종한다는 것을 알 수 있다. 그러므로 우리는 환자를 위해 기도할 때, 자살충동을 일으키고 죽음을 생각하게 하며 마음과 감정을 자극하여 파괴적인 행동을 부추기는 악한 영을 꾸짖어 내쫓고 다시는 환자에게 들어가지 못하도록 차단해야 한다. 자살과 죽음의 영은 참으로 집요하여 포기할 줄을 모른다. 자살의 영에 의한 저주는 한 사람이 자살로 끝나지 않는다. 악한 영은 남은 가족뿐 아니라 자손에까지 역사하며 끊임없이 괴롭힌다. 자살의 영은 기도로써 반드시 저주를 끊어줘야 한다.

성경은 정신분열, 자살, 우울증과 같은 정신질환이 모두 불순종의 저주로부터 오는 병이라고 분명히 말씀한다. 이 말인즉슨 정신질환으로 고통받는 이들을 위해 기도해 주어 저주를 끊고 성령님께 치유와 회복을 맡겨드리면 반드시 자유함을 얻을 수 있다는 뜻이다. 생명은 참으로 귀한 것이다. 믿음의 사람이라면 육체의 생명뿐만 아니라 영의 생명인 천국을 소유해야 한다.

자살에 관하여 나에게도 가슴 아픈 사건이 있다. 나의 외할아버지는 목을 매달아 자살하셨으며, 내 외사촌 여동생 둘은 아파트에서 뛰어내려 자살했다. 비극적인 사건의 배후에는 더러운 자살의 영이 있었다. 세상의 의술이나 심리 상담으로는 자살을 막을 수 없다. 예수님께서 우리에게 말씀하신 대로 기도 외에는 이런 유가 나갈 수 없다. 악한 영의 공격으로 인해 영혼이 병든 사람을 치료할 수 있는 병원은 오직 교회뿐이다.

• 악한 영으로부터 온 자살 충동이 사라진 이후에 벌어진 영적 전쟁

2014년 5월에 토론토에서 있었던 한 집회에서 오랜만에 만난 은퇴목사님의 이야기이다. 집회가 끝나고 잠시 이야기를 나누면서, 원주민 선교를 갔다가 귀신에 들려 정신분열이 왔던 청년의 사례를 간증했다. 그러자 목사님의 눈이 휘둥그레졌다. 이분은 1999년에 캐나다에서 교단 총무로 일할 당시에, 100년간 선교사를 파송했던 지역에 선교사 파송이 중단되어 직접 선교사로 나갔었다. 그런데 사역을 시작한 지 3개월도 지나지 않았을 때 갑자기 몸이 너무 아파 선교를 포기하고 캐나다로 돌아올 수밖에 없었다. 이상한 것은 캐나다에 돌아온 후 1년 반 동안 불면증에 시달리며 끊임없이 죽음과 자살을 생각했다는 것이다. 그러던 어느 날, 더는 이렇게 살 수 없다는 생각이 들어 "나를 묶고 있는 더러운 귀신아, 내 안에서 나가라!"라고 크게 소리치며 기도했는데 갑자기 머리에서 무언가 빠져나가는 느낌이 들면서 머리가 시원해지고 다시는 자살 충동에 시달리지 않았다고 한다.

그러나 이후에 교사로 일하며 잘살던 아들이 갑자기 이혼하고 폐인처럼 생활하고 있으며, 목사 안수를 받은 딸은 사역도 하지 않고 집에만 있다고 했다. 나는 악한 영적 전쟁에 대한 설명과 보호·대적·차단기도의 중요성에 대해 목사님에게 알려드렸다. 2주 뒤에 목사님은 간증을 포함하여 영적 전쟁에 관해 설교했는데, 많은 성도뿐 아니라 심지어는 목회자들도 "실제로 영적 전쟁이 일어납니까?"라고 크게 놀라워했다고 한다. 목사님은 주변에 보호·대적·차단기도 중요성을 전하며 영적 싸움에서 승리해야 함을 가르치고 있다.

• 어릴 적에 당했던 성추행으로부터 시작된 질병

2013년 10월 8일 한국으로부터 어느 성도에게서 전화가 왔다. 혀가 빠져서 들어가지 않는데 4개월이 넘도록 병원에서도 고치질 못했다고 호소했다. 기도원을 찾아다니고 능력이 있다는 목사님들에게 기도도 받아 봤지만 전혀 나아지지 않았다며 도와달라는 것이었다. 나는 곧장 기도해 주었다. 기도가 끝나자 전화 너머로 "와! 할렐루야! 아멘!"이라고 큰 소리가 들려왔다. 혀가 들어간 것이다. 그러나 연달아 여러 가지 병이 나타났다. 언제부턴가 한쪽 귀가 들리지 않아 병원에 가서 검사를 받아보니 돌발성 난청이라는 진단을 받았다고 한다. 대학병원에서 MRI 및 각종 검사를 받고, 한 달 동안 귀에 스테로이드 약물을 주입하는 치료를 받았으나 상태는 나아지지 않았다. 병원에서는 할 수 있는 치료는 다 해 보았다는 말만 되풀이했다. 그러던 중 발바닥이 아프기 시작하여 정형외과에 갔더니 족저근막염이라는 진단을 받았다. 발바닥의 고통이 얼마나 심했던지 한 발짝도 뗄 수 없을 정도였다. 길을 걷다가 옆에서 차가 지나가도 걸음을 재촉할 수가 없어서 위험하기까지 했다.

나는 전화로 성도를 묶고 있는 악한 영들을 대적하는 기도를 시작했고, 강력한 축사가 일어났다. 그러나 영적 전쟁은 하루 이틀만에 끝나지 않았다. 나는 열흘 동안 매일 기도해 주었다. 어느 날은 3시간이 넘도록 기도해야 하는 날도 있었다. 기도하는 동안은 성도가 어린 시절부터 받았던 상처를 하나하나 놓고 기도했다. 영적 전쟁을 하는 동안 성도는 기침도 많이 하고 몸이 아픈 증상도 보였지만 포기하지 않고 계속 기도를 받았다.

열흘 동안의 기도가 끝나자 성도의 몸이 완전히 회복되었다. 그는 아프기 시작한 이후로 잠도 자지 못하고 온몸 곳곳에 있던 질환들로 고통스러운 나날을 보냈는데 기도를 통해 영과 육이 다시 살아났다며 기뻐했다. 그 뒤로 그에게 다시 연락이 왔다. "목사님, 이억 만 리 먼 곳에서 저를 위해 헌신적으로 기도해 주셔서 정말 감사드립니다. 목사님을 통해 참된 용서가 무엇인지 알게 되었고, 그동안 미워했던 사람들을 위해서 기도하기 시작했습니다. 기도하는 동안 제 마음이 하나님의 은혜로 사랑이 차오르는 것을 느꼈습니다. 새사람이 되었다는 것을 피부로 느끼고, 오직 주 하나님께 영광과 감사와 기쁨의 찬양을 드립니다. 예전에는 하나님이 왜 나에게 이런 고통을 주시나 하고 불만도 많았지만 지금은 다 감사할 따름입니다. 진정으로 살아계신 하나님께 영광을 돌립니다."

이 성도의 질병의 근원은 어릴 적에 당한 성추행으로부터 생긴 상처였다. 우리는 성적인 학대와 성적 추행, 성폭력을 절대로 가볍게 생각하면 안 된다. 어려서 받은 성적인 상처는 많은 시간이 지나도 씻어낼 수 없으며 평생 고통을 주고 삶을 망가뜨린다. 우리는 가정에서부터 기도와 교육으로 자녀들을 지켜주어야 한다. 나와 우리 자녀들을 지키기 위해서는 기도와 말씀과 성령님의 인격적인 도움이 필요하다.

신명기 28장 67절 | 정신질환 (우울증, 불면증)

네 마음의 두려움과 눈이 보는 것으로 말미암아 아침에는 이르기를 아하 저녁이 되었으면 좋겠다 할 것이요 저녁에는 이르기를 아하 아침이 되었으면 좋겠다 하리라 (신 28:67)

조울증은 흔한 질병인 동시에 치료가 힘든 병이기도 하다. 조울증 환자는 기도 후 회복이 시작되면 현재 나이와 상관없이 사춘기에 들어선다. 조울증의 바탕이 된, 정신적 충격을 받았던 그때의 연령으로 되돌아가는 경우도 많다. 환자가 다시 시작된 사춘기로부터 정체성을 회복할 때까지 보호자는 오랫동안 관심을 갖고 기도하며 기다려줘야 한다. 그러나 대부분은 환자를 이해하지 못할 뿐만 아니라, 참아주려고 하지 않는다. 우리는 정신질환을 앓고 있는 환자를 향하여 사랑, 이해의 마음, 포기하지 않는 끈질긴 인내심을 가지고 기도해야 한다. 조울증은 주변의 인내가 없다면 회복할 수 없다.

나는 지금까지 약 70여 명의 조울증 환자와 상담하고 기도해왔는데, 대부분의 환자가 유년 시절에 성추행이나 성폭행을 당했다는 공통점을 확인할 수 있었다. 성폭력은 육체뿐 아니라 정신적인 죽음으로도 몰아넣는다. 가해자가 구속된 것으로 사건은 끝나지 않는다. 피해자는 평생 고통받으며 자살 충동의 위험에 노출된 채 살아가야만 한다. 너무나 참담하지 않은가?

정신질환의 치료는 시간이 오래 걸릴 뿐 아니라, 개인에게 맞는 치료법을 찾기도 힘들다. 오직 예수님의 마음을 품고 사랑으로 오랜 시간 인내하며 기도하는 것이 가장 좋은 치료법이다.

• 코마(Coma: 깊은 의식불명, 혼수상태)와 우울증
2008년 5월 둘째 주, 당시 우리 교회에는 몽골인 성도가 40명쯤 있었다. 어느 날 한 몽골인 형제가 주일예배를 마치기 전에 다급하게 성전으로 들어와

소리쳤다. "목사님 제 동생을 살려주세요! 동생이 살아날 수 없대요. 목사님, 기도해 주세요!" 형제의 여동생이 몽골의 병원에 입원해 있었는데, 병원에서 여동생이 살아나기 어려울 것 같으니 산소마스크를 떼겠다고 말했다는 것이었다. 그 자리에 있던 모든 성도가 합심해서 기도했다. 기도를 마친 지 40분 정도 지나, 몽골에서 여동생이 깨어났다는 연락이 왔다.

3개월 뒤 한국에서 집회를 마친 후 몽골 울란바토르로 갔다. 몽골인 목회자와 몽골인들을 위한 교회를 세우기 위해서였다. 몽골에 도착하니 우리 교회 성도였다가 캐나다에서 영주권을 못 받아 몽골로 돌아갔던 두 형제가 나를 기다리고 있었다. 두 형제는 혼수상태에서 살아난 자매가 지금 정신병원에 있으니 같이 그녀를 만나 달라고 부탁했다. 자매는 혼수상태에서 깨어나자마자 심각한 우울증에 걸렸는데, 수 없이 자살을 시도하여 정신병원에 입원시킨 것이다. 당시에 나는 울란바토르에서 정확하게 48시간을 체류하면서 몽골인 교회 목회자 청빙까지 처리해야 하는 바쁜 일정이지만 기도가 필요한 이를 외면할 수 없었다. 어떻게든 시간을 만들어, 총 세 차례 정신병원을 찾아 자매를 위해 기도해 주었다. 병원은 열악함이 말로 이루 표현할 수 없을 정도였다. 이틀간 세 차례의 기도를 통해 자매가 상당한 차도를 보이기에 나는 의사에게 자매를 퇴원 시켜 달라고 했다. 그러나 의사는 코웃음만 칠뿐이었다. 나는 의사에게 이 자매가 낫기를 바라느냐고 물었고 의사는 당연히 그렇다고 대답했다. 나는 이틀 후 주일에 이 자매를 교회로 보내면 반드시 깨끗하게 나을 것이라고 말했다. 의사는 그 순간 우리를 이해할 수 없는 표정을 바라보았지만, 나는 그에게 몽골인 전도사와 교회를 소개하고 나와 함께했던 몽골인 청년들의 연락처도 넘겨주었다. 캐나다에 돌아오고 나서, 청년에게서 연락이 왔는데 정확히 이

틀 후 내가 소개한 몽골 교회의 주일 예배에 자매가 참석했고, 성전에 들어서는 순간 깨끗하게 치유받았다고 전해왔다.

이때부터 우리 교회 중보기도 팀은 나이로 보나 병의 진행 상태로 보나 전혀 가망이 없고 임종을 앞둔 사람들을 살리고, 예수 부활의 새 생명으로 다시 태어나도록 기도하기 시작했다. 성령님께서 이 사례를 통해 지혜를 주시어 나는 코마(혼수상태, 의식불명) 상태에 빠졌던 환자가 깨어나면 반드시 우울증을 위한 기도를 해야 함을 깨닫기도 했다.

중독

일상에서 흔히 볼 수 있는 니코틴 중독은 끊기가 그리 쉽지 않다. 사회생활의 스트레스를 이기기 쉽지 않기 때문이다. 나도 과거에 사업을 할 때는 하루에 담배를 4갑이나 태우던 헤비스모커(Heavy smoker)였다. 담배를 끊기 위해서 금식기도를 하며 노력했지만 실패하곤 했다. 그러던 25년 전, 마음에 가득했던 세상의 탐욕과 위선을 다 버리고 사업 접을 준비를 하기 위해 오산리기도원에 올라가 일주일 금식을 했다. 새사람, 새 일을 구하며 기도하자, 그렇게 애써도 끊어지지 않던 술과 담배가 동시에 끊어졌다. 이윽고 성령님은 나를 캐나다로 인도해 주셨다. 하나님은 새 일을 준비하는 사람에게 과거의 습관뿐만 아니라 주변 환경도 끊으신다는 사실을 알았다. 하나님은 마치 아브라함에게 "너는 본토 친척 아비 집을 떠나 내가 지시할 땅으로 가라"라고 하셨던 것처럼, 내가 의지할 수 있는 사람들을 모두 정리하고 하나님만 바라볼 수 있는 곳으로 떠나게 하셨다. 과거의 사람과 관계가 정리가 되어야만 중독에서 벗어날 수 있고, 하나님의 일을 할 수 있기 때문이다. 만약 이러한 하나님의 뜻을 빨리 눈치채지 못하고, 계속해서 의지할 사람과 익숙했던 환경을 찾는다면 새로운 삶을 경험하지 못할 것이다. 하나님이 인도하시는 새 꿈을 이루려면, 자신을 얽매고 있는 모든 중독과 의지하는 모든 사람으로부터 벗어나는 것부터 시작해야 한다.

인터넷과 게임 중독

많은 청소년이 쉽게 빠져드는 것이 인터넷과 게임 중독이다. 요즘은 미디어 기기 중독에 빠져드는 연령대가 점점 더 어려지는 추세다. 부모 입장에서도 어떻게 대처해야 좋을지 알지 못하는 경우가 많다. 나는 아이가 학교생활을 포기하고, 게임과 인터넷에 중독되어 인생의 앞날을 일찌감치 스스로 막아버리는 안타까운 경우를 많이 보았다. 자녀들의 인터넷과 게임 중독은 무엇보다 부모의 잘못이 크다. 자녀의 미디어 중독은 대게 부모가 자녀를 방치한 데서 비롯된다. 많은 부모가 바쁘고 귀찮다는 핑계로 아이들에게 선뜻 휴대폰을 내어준다. 세 살 버릇 여든까지 간다고, 결국 자녀는 자신도 모르는 사이에 중독되어 버린다.

나는 한국에서 캐나다로 공부를 하러 온 아이를 만나면 나는 먼저 휴대전화부터 자진 반납하게 한다. 처음엔 눈물로 호소하고, 별의별 핑계를 대다가도 결국은 반납하고 만다. 그리고 휴대전화를 맡긴 아이들을 위해 1년간 매일 열심히 기도한다. 그렇게 1년이 지나고, 2년 차에 접어

들면 대부분 게임과 인터넷 중독에서 벗어나며, 하나님 안에서 새로운 비전을 본다. 그러나 대부분의 부모는 휴대전화를 반납하게 했다가도, 얼마 못 가 응석과 거짓말에 속아 돌려주곤 한다. 자녀는 얼마 지나지 않아 다시금 중독에 빠져버린다. 결국 부모의 냉정하고 단호한 결단과 기도가 없으면, 자녀는 게임과 인터넷 중독에서 벗어날 수 없다.

• 알코올 중독에 빠진 형제

알코올 중독 역시 기도로 치유할 수 있다. 지금 소개하는 성도는 세 형제가 모두 알코올 중독에 빠진 경우였다. 알코올에 중독된 성도의 아버지는 안정적인 직업을 갖고 있었음에도 여윳돈으로 고리대금업을 하여 많은 사람을 힘들게 만들었다. 그는 캐나다에 이민을 온 뒤에도 사채놀이를 그만두지 않았다. 비싼 이자를 주고라도 돈을 빌려 가는 사람들은 반드시 존재했는데, 그들은 대부분 피치 못하게 급전이 필요한 사람이 아니라 불법을 자행하기 위해 돈을 빌리는 사람이었다.

그는 세 형제 중에 둘째였는데, 한 형제는 알코올 중독으로 이미 사망했고, 한 형제는 알코올 중독으로 큰 사고를 당하고서도 알코올에서 벗어나지 못한 채로 살아가고 있었다. 2010년 10월부터 우리 교회에 출석했던 그는, 당시로부터 7년 전에 이혼했고, 5년 전에는 교통사고를 당해 일을 할 수 없게 되었다. 나는 이 성도가 우리 교회를 출석하기 시작한 이후로도 자주 보지는 못하고 주일에만 보았기 때문에 그저 술을 즐기는 사람이라고만 알았지, 알코올 중독 환자인지는 알지 못했다. 2011년 3월의 어느 날, 그가 아침 일찍 술이 잔뜩 취한 목소리로 나에게 전화를 했다. 심상치 않은 상태임을 직감한 나는 그를 교회로 데리고 왔다. 교회로 오는 길에 그는 소리를 지르며 나에게 별의별 위협을 가해왔지만, 강압적으로 교회로 데려왔다. 교회에 도착하여 성전으로 데리고 들어가려는데, 교회 로비에서 그가 갑자기 무릎을 꿇고 빌기 시작했다. "제발 성전에 안 들어가면 안 됩니까?" 나는 여러 말할 필요 없이 잠시 할 말이 있으니 들어가자고 했고, 기도를 시작했다. 내가 손을 배에 얹자 그는 "앗! 뜨거워!"라는 말을 연발하며 땀을 비 오듯이 쏟기 시작했다. 축사가 나타난 것이다. 기도가 마무리되자 술에 취했던 모습은 온데간데없고, 얼굴이 환해져 있었다. 그런데 느닷없이 화장실에 가고 싶다고 했다. "들어오기 전부터 가고 싶었습니까? 아니면 기도를 받고 갑자기 가고 싶어졌습니까?"라고 묻자, 그는 "지금 갑자기요"라고 대답하면서 화장실로 달려갔다. 알고 보니 옷에 대변 실수를 한 것이었다. 악한 영이 떠나갈 때 여러 가지 형태로 나가지만, 대변을 지리며 나가는 경우는 처음 보았다. 그날 이후 성도는 교통사고로 인해 못 쓰던 허리도 깨끗하게 나았으며, 매주 주일마다 성도의 교제 후 나오는 엄청난 설거지를 6개월 동안 모두 혼자서 해냈다.

동성애

동성애는 단순히 악한 영이기 때문에 대적하여 꾸짖어 내쫓아야 한다. 논쟁거리가 아닌 것이다. 그러나 세상 사람뿐만 아니라 심지어 교회에서도 동성애자의 인권을 보호해야 하고, 그들의 성적지향을 존중해야 한다고 말한다. 그러나 하나님의 말씀으로 세워진 교회는 동성애로 인간을 파멸하는 귀신을 예수님의 보혈로 내쫓아야 한다.

이 때문에 하나님께서 그들을 부끄러운 욕심에 내버려 두셨으니 곧 그들의 여자들도 순리대로 쓸 것을 바꾸어 역리로 쓰며 그와 같이 남자들도 순리대로 여자 쓰기를 버리고 서로 향하여 음욕이 불 일듯 하매 남자가 남자와 더불어 부끄러운 일을 행하여 그들의 그릇됨에 상당한 보응을 그들 자신이 받았느니라 (롬 1:26-27)

기도하라. 깨어 기도하라. 기도가 사랑이다. 기도 외에는 동성애자들을 살릴 수도, 치료할 수도 없다. 교회와 성도는 세상에서 말하는 '인권'에 미혹되지 말아야 한다. 사탄은 인간의 더러운 생각과 비양심적인 마음을 통해 심령을 죽이려 한다. 우리는 영혼을 살리는 일에 목숨을 걸어야 한다. 더러운 것은 더러울 뿐이고, 악한 것은 악할 뿐이다. 우리는 인권이라는 명분에 귀 기울이지 말고, 말씀에 귀를 기울여야 한다.

너희는 믿지 않는 자와 멍에를 함께 메지 말라 의와 불법이 어찌 함께 하며 빛과 어둠이 어찌 사귀며 그리스도와 벨리알이 어찌 조화되며 믿는 자와 믿지 않는 자가 어찌 상관하며 하나님의 성전과 우상이 어찌 일치가 되리요 우리는 살아 계신 하나님의 성전이라 이와 같이 하나님께서 이르시되 내가 그들 가운데 거하며 두루 행하여 나는 그들의 하나님이 되고 그들은 나의 백성이 되리라 (고후 6:14-16)

동성애자들을 위해 기도해야 한다는 글을 쓰기 시작한 후, 계속해서 이런 글을 올리면 목회를 할 수 없게 만들겠다는 협박도 받았다. 그러나 나는 두렵지 않다. 주님 말씀에 순종하며 믿음으로 나아갈 때, 하늘 상급이 나를 기다리고 있기 때문이다. 악한 영을 악한 영이라 말하지 못하고, 귀신을 귀신이라 말하지 못한다면 목회자라고 할 수 있을까? 교회는 사업하는 곳도, 교육기관도 아니다. 하나님 나라의 일을 하는 곳이다. 성령님을 사모하고 성령의 역사를 드러내야 하는 곳이다. 성령님은 우리가 회개하고, 말씀대로 순종할 때 임하신다. 그분이 임하시면 상처와 저주가 떠나가고, 하나님 나라를 소유할 수 있다.

• 동성애와 알코올 중독에서 벗어났다

2010년 10월, 한 자매를 만나 기도해 준 적이 있다. 자매는 언니의 친구 때문에 동성애와 알코올 중독에까지 빠졌다. 사연을 들어 보니, 어느 날 집에 놀러 온 언니가 자고 가겠다고 했고 자매는 흔쾌히 허락했다. 그런데 하필 그녀가 동성애자였다. 그녀와 동침한 이후 자매는 동성애 행위에 빠져버렸고, 동성연애자들을 만나 관계하기 시작했다. 그는 아이와 조카의 유학을 위해 캐나다에 와서도, 13년 동안 동성애에 빠져 살았다. 그렇게 별 탈 없이 살아가는 것 같았지만, 파트너들이 모두 결혼을 해서 떠나버리고 아무도 찾아오지 않자 우울증이 덮쳐왔다. 거기에 불면증까지 겹쳐 잠을 전혀 자지 못했다. 잠들기 위해 술을 마시기 시작했고, 주량만 크게 늘었다. 1년 반 동안 폭음을 하다 보니 하루에 양주를 한 병 반씩이나 마시게 되었다. 상황이 점점 심각해지자, 자매가 다니던 한의원의 한의사가 나에게 상담을 요청하면서, 처음 자매를 만났다. 자매는 비신자였지만, 나에게 기도를 요청했고, 그날부터 그를 위해 기도하기 시작했다. 그렇게 기도한 지 2개월쯤 지났을 때 성령님께서 우울증의 원인이 동성애라는 사실을 알려주셨다. 그때부터 자매를 묶고 있는 더러운 동성애의 귀신을 내쫓기 위해 기도하기 시작했다. 그러자 상상할 수 없는 악한 영의 공격과 축사가 일어났다. 얼마나 축사가 강력했는지 지금도 기억에 생생하다. 그때로부터 지금까지 정상적인 생활을 하는 것은 물론이고, 교회의 귀한 일꾼이 되었다.

• 동성애에서 완전히 벗어났다

2017년 한국과 일본을 거치는 일정으로 단기선교를 떠났다. 한국의 집회 장소에 도착해서 숙소로 가던 중, 한 자매가 다가와 머뭇거리며 말을 건넸다. "목사님, 지금은 다 끝났고 생각도 나지 않지만 다시 찾아올까 봐 너무 두려워요. 기도해 주세요." 나는 자매가 무슨 말을 하는지 바로 알아듣고 물어보았다. "동성애를 한 적이 있습니까? 말초신경에서 그때의 감각이 떠나지 않는가요?" 자매는 솔직히 그렇다고 대답했다. 나는 둘째 날 저녁 집회에 참석한 이 자매가 치유기도 시간에 기도를 받기 위해 다른 사람들과 함께 앞에 나온 것을 보았다. 자매의 기도 순서가 되어 기도를 시작하자 장정 다섯 명이 달라붙어서도 제압할 수 없을 만큼 강한 축사가 나타났다. 그렇게 40여 분을 기도하자 축사가 끝났다. 자매는 기도가 끝난 후 홀가분함과 평안함이 가득 느껴진다며 기뻐했다. 어둠에 묶여 있던 한 인생이 새로운 인생으로 바뀐 것이다. 우리는 동성애에 빠진 영혼들을 위해 기도해야 한다. 인간적인 사랑과 긍휼이 아닌 예수님의 십자가 사랑과 긍휼하심으로 기도할 때 그들의 영혼이 살아난다.

귀신놀이와 음란과 정신분열

　우리는 악한 영들을 쉽게 볼 수 있다. 서양 점술인 타로점이나 일본의 귀신 놀이인 분신사바는 그저 젊은이들 사이에서 유행하는 놀이가 아니다. 대부분 단순한 물리치료라고 알고 있는 '레이키'(Reiki), 많은 사람이 건강을 위한 운동이라고 생각하지만 인도 힌두교의 수행법인 요가와 명상은 우리를 악한 영의 공격에 노출시킨다. 특히 요가는 사람들의 마음과 정신수행을 통해 사람들의 생각, 마음, 지식, 감정, 의지를 모조리 장악한다.

　요즘 청년을 위해 기도하다 보면 귀신에 눌려 있는 경우를 많이 보게 되는데, 처음엔 그 원인을 찾아내지 못해 고민했다. 그러다 상당수의 젊은이가 타로점, 분신사바 등을 재미로 하고, 건강을 위해 단(丹), 기(氣), 요가 등 영적으로 위험한 명상을 한다는 사실을 알 수 있었다.

　• 요가를 통해 들어온 악한 영으로부터 벗어났다

　2015년 어느 자매를 위해 기도해 주었다. 이 자매는 친구를 따라 교회 수련회에 갔다가 축사를 경험했다. 목회자 여럿이 달려들어 기도했지만 마무리를 짓지 못했다. 그날 이후 자매는 심적으로, 육체적으로 힘들어했다. 그러던 중 우리 성도의 인도로 우리 교회의 집회에 참석하게 되었다. 나는 자매를 위해 기도해 주었고, 몇 번에 걸쳐 축사가 나타났다. 그런데 좀처럼 깨끗하게 정리가 되질 않았다. 다음 날 이어서 기도를 해 주던 중 요가가 떠올라 그에게 혹시 요가를 한 적이 있냐고 물었다. 그는 초등학교 특별활동 시간에 요가를 배운

적이 있다고 대답했다. 그 즉시 요가의 영을 내쫓았고, 굉장한 요동과 함께 축사 현상이 일어났다. 기도를 마치자 이 자매는 몸과 마음이 회복됐다며 기뻐했다.

• 귀신놀이를 통해 생긴 정신분열

2019년 9월부터 한 성도를 위해 기도하기 시작했다. 그는 2015년 1월부터 밤마다 악몽과 환청에 시달렸는데, 당시 섬기던 교회에서 기도 중에 축사가 나타나 꽤 오랜 시간 기도를 받았지만 깨끗하게 해결 받지 못했다. 증상이 점점 심각해져서 2018년 2월부터 3개월간 정신병원에 입원하기도 했다. 그렇게 교회와 정신병원을 오가며 우울증과 자살 충동으로 늘 불안한 마음을 가지고 살아갔다. 그에게 가장 괴로운 것은 자신의 내면에서 끝없이 속삭이는 사탄의 욕지거리와 조종하는 소리를 자신도 모르게 실제로 계속해서 입 밖으로 말하는 것이었다. 다른 사람들은 물론이거니와 가족들과도 정상적인 생활을 할 수가 없게 됐다. 그러던 중 같은 교회 집사님의 소개로 그가 우리 교회에 찾아오게 되었다.

성도의 문제는 그의 조상들이 우상과 미신을 섬겨, 저주의 영에 의해 마음, 생각, 지식, 감정, 의지, 기억이 지배당하는 것으로부터 비롯되었다. 성도를 묶고 있던 요가, 분신사바, 타로점과 같은 미신의 영은 그가 무슨 일을 하든지 아주 쉽게 스스로 포기하게 했다. 또한 고등학교 2학년 때부터 대학을 졸업할 때까지 집안 어른에게 금전적인 지원을 받고 성적인 접촉을 허락했는데, 이는 상대를 가리지 않고 관계를 맺는 음란에 젖어 들게 했다. 결혼하고 자녀를 낳고도 음란한 생활은 멈추지 않았고, 이혼과 재혼을 반복했다.

나는 성도를 위해 기도해 주었고, 강력한 축사가 나타났다. 이후 3개월 정도 계속해서 성도를 위해 기도하고 상담하면서 상태가 많이 좋아지고 있었는데, 믿지 않는 남편의 반대로 마무리를 짓지 못해서 안타까웠다. 그런데 5개월 후 이 성도로부터 자신의 상태가 좋아져서 직장생활을 정상적으로 잘하고 있다는 연락을 받았다.

보호·대적·
차단기도의 능력

기도는 호흡과 같다. 숨을 멈추면 육체가 사망하듯이, 기도를 멈추면
영이 죽는다. 우리는 어떤 상황에서도 의심하지 말고 성령님께 의지하
여 기도해야 한다. 어떤 문제라도 기도하면 반드시 풀어지며, 반대로
기도하지 않으면 온전히 풀어지지 않는다. 환경을 바라보지 말고 하나
님을 바라보며 쉬지 말고 기도해야 한다.

오직 믿음으로 구하고 조금도 의심하지 말라 의심하는 자는 마치 바람에 밀려
요동하는 바다 물결 같으니 이런 사람은 무엇이든지 주께 얻기를 생각하지 말
라 두 마음을 품어 모든 일에 정함이 없는 자로다 (약 1:6-8)

Uproot it

CHAPTER 01
우리가
기도해야 하는 이유

우리의 싸움은 이 땅의 사람들에 대항하여 싸우는 것이 아니라 이 세상의 어두운 세력들과 공중의 권세 잡은 악한 영들에 대항하여 싸우는 것입니다. (엡 6:12, 쉬운성경)

예수님께서는 "이런 종류의 귀신은 오직 기도로만 쫓아 낼 수 있다"고 대답하셨습니다. (막 9:29, 쉬운성경)

영적 전쟁이란 악한 영을 대적하며 싸우는 것을 말한다. 하지만 안타깝게도 요즘은 교회에서 성도에게 영적 전쟁에 대해 가르치지 않는다. 지피지기면 백전백승이라는 말이 있다. 악한 영이 무엇인지 알아야 우리가 영적 전쟁에서 승리할 수 있지 않겠는가?

먼저 악한 귀신의 목적을 알아야 한다. 그들의 목적은 우리를 죽이는 것이다. 단순히 육체를 공격하여 죽이는 것뿐만 아니라, 영혼까지 파멸시키고자 한다. 우리의 생각, 마음, 지식, 감정, 의지, 기억, 건강, 일상생활, 가정, 인간관계, 재산, 학업, 사업 등 수단과 방법을 가리지 않고 끈질기게 공격한다. 나는 영적 전쟁 중간에 기도를 포기하여 마귀의 포로가 되어버리는 안타까운 모습을 꽤 보았다. 악한 영은 교활하기 때문에 천사의 모습으로 가장하여 동정심을 자극하며 속이기도 한다. 하지만 마귀는 무조건 대적해야 한다. 대상이 누구든지 상관없다. 그리고 흔히 하는 착각이 있다. 귀신이 '사람과 장소를 가려가며' 공격한다고 생각하는 것이다. '마귀는 교회에 들어오지 못할 것이다', '마귀는 성도를 공격하지 못할 것이다', '마귀는 목회자, 직분자들을 강하게 공격하지 못할 것이다' 등이다. 그러나 이는 완전히 틀린 생각들이다. 누구도 마귀의 공격에서 자유할 수 없으며, 영적 갑옷과 무기 없이는 맥없이 무너질 수밖에 없다.

도둑이 오는 것은 도둑질하고 죽이고 멸망시키려는 것뿐이요 내가 온 것은 양으로 생명을 얻게 하고 더 풍성히 얻게 하려는 것이라 (요 10:10)

근신하라 깨어라 너희 대적 마귀가 우는 사자 같이 두루 다니며 삼킬 자를 찾나니 (벧전 5:8)

매일 우리는 영적 전쟁을 하며 살아간다. 그러나 우리의 힘으로는 절대 악한 영과 싸워 이길 수 없다. 하나님은 우리가 마귀와 싸워 효과적으로 이길 수 있도록 든든히 장비를 선물해 주셨다. 우리를 영적 전쟁에서 승리로 이끌게 하는, 하나님께서 주신 유일하고도 최고로 강력한 무기는 바로 기도와 말씀이다.

> 그러므로 하나님의 전신 갑주를 취하라 이는 악한 날에 너희가 능히 대적하고 모든 일을 행한 후에 서기 위함이라 그런즉 서서 진리로 너희 허리띠를 띠고 의의 호심경을 붙이고 평안의 복음이 준비한 것으로 신을 신고 모든 것 위에 믿음의 방패를 가지고 이로써 능히 악한 자의 모든 불화살을 소멸하고 구원의 투구와 성령의 검 곧 하나님의 말씀을 가지라 (엡 6:13-17)

Uproot it

CHAPTER 02 응답받는
기도의 비결

예수님을 믿는 사람은 모두 기도한다. 그러나 모든 사람의 기도가 다 응답되지는 않는다. 응답받는 기도에는 비결이 있다.

먼저 기도하기 전, 자신의 믿음을 살펴보아야 한다. 입술로는 기도하면서도 마음속으로는 '이게 진짜 응답될까?'라고 의심하고 있지는 않은가? 성경은 "이런 사람은 무엇이든지 주께 얻기를 생각하지 말라 두 마음을 품어 모든 일에 정함이 없는 자로다"(약 1:7-8)라고 말씀한다. 자신이나 이웃의 치유와 회복을 놓고 기도할 때, '혹시 낫지 않으면 어떡하나?' 하는 의심을 품고 기도하지 않았는지 스스로 물어보라. 어떤 사람은 기도한 후 치유되지 않으면 '사도 바울에게도 가시가 있었다'며 그릇된 위로를 하며 살아간다. 사도 바울은 자칫하면 교만에 빠질 위험이 있을 정도로 모든 면에서 남들보다 훨씬 뛰어났다. 그러나 자신의 모든 것을 포기하고 복음을 전하다 순교했던 인물이다. 사도 바울의 가시는 그의 특별한 상황 때문에 하나님이 허락하신 것이다. 바울의 가시를 핑계 대기 전에 내가 혹시 하나님의 치유를 의심하지 않았는지 먼저 되짚어 보자. 이 세상에 당연한 병은 없다. 유전병, 가족력으로 온 병이라고 해도 예수님의 이름 앞에서는 저주가 끊어지고 치유와 회복이 일어난다. 혹시 믿음이 부족하다면 성령님께 믿음을 구하는 기도부터 시작해야 한다.

> 믿음은 바라는 것들의 실상이요 보이지 않는 것들의 증거니 선진들이 이로써 증거를 얻었느니라 믿음으로 모든 세계가 하나님의 말씀으로 지어진 줄을 우리가 아나니 보이는 것은 나타난 것으로 말미암아 된 것이 아니니라 (히 11:1-3)

또한 기도는 구체적으로 해야 한다. 누군가에게 중요한 일을 부탁할 때 "대충 알아서 해 주세요"라고 기도하지 않는다. 기도도 마찬가지다. '하나님이 다 아시니까 알아서 하시겠지' 하는 안일한 자세로 기도하면 안 된다. 우리는 성령님을 인격적으로 모시고 기도하기에, 내가 응답 받기 원하는 기도제목들을 하나하나 자세히 설명하며 기도해야 한다. 따라서 평소에 메모하는 습관을 갖는 것이 좋다. 자신의 기도제목을 자세히 적어두었다가 기도하는 시간에 기록한 것들을 보며 빠짐없이 구체적으로 기도하는 것이다.

> 그를 향하여 우리가 가진 바 담대함이 이것이니 그의 뜻대로 무엇을 구하면 들으심이라 우리가 무엇이든지 구하는 바를 들으시는 줄을 안즉 우리가 그에게 구한 그것을 얻은 줄을 또한 아느니라 (요일 5:14-15)

응답받는 기도의 마지막 비결은, 이미 응답 받았음을 믿고 기도하는 것이다. '해 주셨으면 좋겠습니다'가 아니라 "이미 이루어진 줄로 믿습니다. 감사합니다!"라고 담대하게 선포해야 한다. 우리는 가끔 하나님의 능력을 제한하는 실수를 하는데, 그런 마음으로는 기도의 응답을 받을 수 없다. 우리의 힘으로 할 수 없어서 하나님의 능력을 구하고 있지 않은가? 전지전능하신 하나님을 믿는다면 내가 바라고 구하는 것이 이미 이루어진 것으로 선포하며 기도해야 함이 당연하다.

그러므로 내가 너희에게 말하노니 무엇이든지 기도하고 구하는 것은 받은 줄로 믿으라 그리하면 너희에게 그대로 되리라 (막 11:24)

Uproot it

CHAPTER 03 보호·대적·차단기도

보호·대적·차단기도의 위력과 증거

앞서, 동성애로 인해 우울증과 알코올 중독으로 고생하던 비신자 자매에 대한 간증을 했다. 나는 그 자매를 통해 보호·대적·차단기도의 실제적인 능력을 알게 되었고, 보호·대적·차단기도의 위력에 대한 확증은 나의 사역에 최고의 열매가 되었다. 그 자매를 놓고 보호·대적·차단기도를 하자 자매를 묶고 있던 동성애 귀신이 떠나가고, 우울증과 불면증, 알코올 중독에서 완전히 해방되었다. 무엇보다 가장 중요한 것은 치유받은 이후 그 자매가 예수님을 영접하고 교회를 출석하기 시작했다는 것이다.

기도 후 자매에게 3주 동안은 매일 성경 묵상, 기도, 찬양이 끊어지지 않게 하라고 했다. 감사하게도 내 조언을 목숨같이 지켜 행했다. 일주일 후 그는 "목사님, 전에는 제 안에 들락날락하던 귀신들이 모두 나가서 저기 문밖에 있는데, 열어 달라고 계속 문을 두드리고 있어요"라고 말했다. 그리고 3주가 지나고 나서는 "목사님, 전에는 길을 지나가면 빌딩에도, 차에도, 사람들의 등에도 귀신들이 새까맣게 붙어 있는 것이 보였는데 지금은 전혀 보이지 않아서 얼마나 편안한지 모르겠어요, 기도해 주셔서 정말 감사해요"라고 인사를 전했다.

여기서 나는 확인했다. 대적기도를 통해 악한 영을 쫓아야 할 뿐만 아니라 그것들이 다시는 들어오지 못하도록 보호·차단기도를 한다는 것이다. 환자를 놓고 사역하는 것이 중요한 것이 아니다. 사역 후에 악한 영이 다시 들어가지 못하게 하는 것이 더 중요하다. 악한 영으로부터 환자를 보호하고, 다시는 악한 영이 들어가지 못하도록 차단하는 기도야말로 가장 능력 있는 기도이다. 예수님께서도 이와 같은 기도를 하셨음을 우리는 알아야 한다.

> 예수께서 무리가 달려와 모이는 것을 보시고 그 더러운 귀신을 꾸짖어 이르시되 말 못하고 못 듣는 귀신아 내가 네게 명하노니 그 아이에게서 나오고 다시 들어가지 말라 하시매 (막 9:25)

사역자도 보호·대적·차단기도를 해야 한다

마귀가 공격의 우선순위로 삼는 이들은 누구일까? 분명 영혼을 살리는 사역자일 것이다. 우리는 한순간에 무너진 사역자를 흔하게 보았다. 사역자와 가정이 공격의 핵심이기 때문이다. 마귀는 사역자를 타락 시켜 교회와 가정을 파괴하고, 세상의 입방아에 오르락내리락하게 함으로써 전도의 문을 닫으려 한다. 그러므로 사역자는 영혼을 살리는 사역도 중요하지만, 악한 영이 틈타지 못하도록 자신과 가정을 위해 보호·대적·차단기도를 잠시도 소홀히 해서는 안 된다.

보호·대적·차단기도는 해도 되고 안 해도 되는 것이 아니다. 반드시 행함으로써 자신, 가족, 교회, 성도를 보호해야 한다. 사탄은 하나님의 영광이 드러나고 하나님 나라가 확장되는 것을 절대 원치 않는다. 성령 사역을 통해 주님의 사역을 선명하게 나타낼수록 악한 영의 공격은 더 강하게 다가온다. 하나님의 종으로서 맡겨진 사명을 다하고도 마지막 문지방을 넘어서지 못하는 아쉬움을 막기 위해서라도 우리는 철저하게 보호·대적·차단기도를 통해 사탄의 공격을 차단해야 한다. 이것이 하나님이 주시는 지혜를 통해 승리의 길로 나아가는 유일한 방법이다. 다음의 몇 가지 사례를 통해 보호·대적·차단기도가 왜 필요한지 살펴보고, 마음판에 새겨 잊지 않고 기도하기를 바란다.

• 기도 받은 청년들의 의심

목사 안수를 받은 직후인 2004년, 두 사람이 우리 교회 전도사를 통해 교회에 등록했다. 한 청년은 중국 교포, 한 청년은 한국인이었는데 40세가 훌쩍 넘도록 결혼하지 않았고, 토론토에 온 지 10여 년이 지났음에도 영주권을 받지 못하고 있었다. 나중에 알게 된 사실이지만, 중국 교포 청년은 중국에서 다툼 끝에 중국 한족들에게 집단으로 매를 맞고 중국을 떠나 한국을 거쳐 토론토에 온 것이었다. 캐나다에 온 지 오래되었던 한국 청년은 누이가 자살하는 사건을 비롯해 여러 불행을 겪으며 매일 악몽에 시달리고 있는 상태였다. 그는 전도를 받고도 예배에 참석하기까지 3개월이나 걸렸다. 예배를 드리러 집을 나서면 교회 근처까지 와서는 성전에 들어오지 못하고 무언가에 홀린 듯 공원을 배회하다가 예배 시간이 지나면 정신이 들곤 했다. 이런 우여곡절 끝에 예배를 드렸는데, 예배를 마친 후 청년에게 다가가 손을 얹고 기도를 하자 두 사람이 동시에 "우리는 못 나간다!"라고 소리치는 것이었다. 나는 곧장 기도를 시작했고 꽤 오랜 시간 씨름하며 무사히 축사를 마쳤다. 그런데 며칠 후 두 사람이 교회에 찾아와 전도사에게 아주 미심쩍은 표정으로 물었다. "우리가 기도받던 날 혹시 몽둥이로 때리지 않으셨어요?" 기도 받은 지 며칠이 지났는데도 온몸이 몽둥이로 맞은 것처럼 아파서 나를 의심했던 것이다. 그 말을 전해 듣고 나는 악한 영을 쫓아내는 것도 중요하지만, 쫓아낸 후가 더 중요함을 알았다. 또한 누군가를 위해 기도해 줄 때는 반드시 곁에 증인이 있어야 함도 알게되었다. 악한 영을 쫓아낸 후에는 그 악한 영들이 떠나간 빈자리를 하나님의 말씀과 십자가의 보혈과 성령의 기름 부으심으로 채워야 함을 깨닫고 그 후로는 더 철저하게 기도하게 되었다.

• 반복된 기도 끝에 발견한 보호·대적·차단기도

10여 년 전 일주일 동안 성령을 강력하게 받은 성도를 위해 축사기도를 해주었다. 성도의 조상이 우상과 미신을 많이 섬겨 불순종의 저주에 묶인 상태였다. 악한 영을 쫓아내고 잠시 돌아서면 어느새 다시 들어가 있고, 또 쫓아내면 다시 들어가기를 4일간 반복했다. 그때 성령님께서 나에게 지혜를 주셔서, 성도에게 있던 모든 상처와 그의 내면세계를 지배하고 있던 저주의 영들을 하나하나 메모했다. 그리고 그의 영을 보호하는 기도, 상처와 악한 영을 하나하나 대적하여 내쫓는 기도, 그리고 차단하는 기도를 하게 하셨다. 결국 일주일의 사투 끝에 영적 전쟁을 마무리했다.

그러나 문제가 완벽하게 해결되었다는 확신을 들지 않았다. 함께 기도하던 사역자 한 분이 성도의 양쪽 무릎에 동자승 둘이 앉아 있는 것을 보았는데, 한쪽은 "다 끝났으니 이제 가자"라고 하고 또 한쪽은 "그러지 말고 조금만 더 기다려보자"라고 했다는 것이었다. 그 말을 듣자마자 다시 성도를 위해 기도해주었고, 그의 조상들이 섬겼던 우상과 미신들 그리고 동자승까지 내쫓고 나서야 영적 전쟁을 승리로 마무리할 수 있었다.

나는 이 일로 인해 하나님께서 왜 나에게 신명기 28장의 말씀을 주셨는지, 저주의 인생을 살고 있던 나에게 성령으로 기름을 부으시고 치유사역을 하도록 하셨는지를 깨닫게 되었다. 이때의 기도의 결실이 지금 온 세계를 향해 복음을 전하게 하시며 주신 '뿌리를 찾아 캐내라'의 원천이 되었다. 나는 그날 이후 말씀을 전하기 전과 후, 하루의 시작과 마무리, 기도의 시작과 끝에 보호·대적·차단기도를 잠시도 잊은 적이 없다. 내가 살고, 내 가정이 살고, 교회가 오랫동안 주님의 은혜로 사역을 감당하기 위해 반드시 그렇게 기도한다.

보호·대적·차단기도의 원리와 설명

많은 사람이 묻는다. "귀신을 내쫓으면 뭐 하나? 다시 들어가는데…." 악한 귀신은 떠나갔다가 다시 돌아와 떠난 자리를 꼭 살핀다. 따라서 치유를 경험한 이후에도 기도를 생명과 같이 여기고 지속적으로 기도해야 한다.

더러운 귀신이 사람에게서 나갔을 때에 물 없는 곳으로 다니며 쉬기를 구하
되 쉴 곳을 얻지 못하고 이에 이르되 내가 나온 내 집으로 돌아가리라 하고
와 보니 그 집이 비고 청소되고 수리되었거늘 이에 가서 저보다 더 악한 귀
신 일곱을 데리고 들어가서 거하니 그 사람의 나중 형편이 전보다 더욱 심하
게 되느니라 이 악한 세대가 또한 이렇게 되리라 (마 12:43-45)

보호기도

우리는 무엇을 위해 기도하든지 성령님과 함께해야 한다. 기도의 시
작부터 성령님을 초청하고, 인정하고, 환영하고, 모셔드리고, 의지해야
한다. 성경은 보혜사 성령님이 우리에게 기도할 것을 가르쳐 주신다고
말씀하고 있다.

이와 같이 성령도 우리의 연약함을 도우시나니 우리는 마땅히 기도할 바를
알지 못하나 오직 성령이 말할 수 없는 탄식으로 우리를 위하여 친히 간구하
시느니라 (롬 8:26)

기도를 시작하자마자 영적 전쟁의 준비에 돌입해야 한다. 악한 영들
이 기도하는 '나'를 비롯해 가족, 친구, 집, 교회와 성도, 소유물(심지어 애완
동물과 식물까지)을 공격하지 못하도록 십자가의 보혈로, 성령의 능력으로,
하나님의 말씀으로 보호해 달라고 기도해야 한다. 이처럼 성령님께 의지
하여 악한 영과 대적할 준비를 마친 후에야 악한 영을 대적하는 기도를

시작할 수 있다.

대적기도

대적기도는 본격적으로 악한 영을 대적하는 기도이다. 악한 영을 대적할 때는 환자의 상태와 상담을 토대로, 저주와 질병을 예수의 이름으로 하나하나 구체적으로 내쫓아야 한다. 가장 중요한 것은 악한 영을 내쫓고 나서, 빈자리를 하나님의 말씀으로, 예수님의 보혈로, 성령님으로 채워 넣어야 한다는 사실이다. 앞으로 안내할 '기능에 따라 붙여지는 귀신들의 이름'과 '뇌 신경과 영육의 건강과의 관계'를 참고하여 자세하고 정확한 기도를 해야 한다. 기도하기 전에 먼저 환자의 상황에 맞추어 기능에 따라 활동하는 귀신들을 먼저 찾아내고, 악한 영들이 환자의 뇌 신경을 어떻게 공격하고 있는지 확인한 후 꼼꼼하게 기도문을 만들어야 한다. 기도문을 만들었다면 최후 승리를 얻기까지 기도를 멈추지 말아야 한다. 또한, 기도문에 영적 전쟁의 성패가 달려있다 해도 과언이 아니기 때문에 기도문은 자세하게 작성해야 한다. 성령님을 의지하여 우상과 미신을 섬겼던 불순종의 뿌리를 아주 세밀하게 찾아내고, 그 뿌리에 기능하는 악한 영들과 공격받고 있는 뇌 신경을 정확하게 파악하여 기도문을 작성해야 한다.

> 보혜사 곧 아버지께서 내 이름으로 보내실 성령 그가 너희에게 모든 것을 가
> 르치고 내가 너희에게 말한 모든 것을 생각나게 하시리라 (요 14:26)

기능에 따라 붙여지는 귀신들의 이름

한 집단의 우두머리 격인 귀신들을 먼저 적고, 괄호 안에 수하 귀신의 이름을 적었다.

- 죽음의 영(자살의 영, 살인의 영, 객사의 영)
- 파괴의 영(폭력의 영)
- 어둠의 영(거짓의 영, 음란의 영)
- 격노의 영(두려움의 영, 화와 분노의 영, 미움과 증오의 영)
- 용서하지 못하는 영(분노의 영, 원한의 영, 후회의 영)
- 반역의 영(배신의 영, 고집의 영)
- 거부의 영(자기 거부의 영, 두려움의 영)
- 두려움의 영(공포의 영, 고통의 영, 무언가-거부, 고통, 어둠, 혼자 있음, 집 밖에 있음, 고층, 높은 곳 등을 무서워하는 영)
- 자기 거부의 영(무기력의 영, 무가치의 영, 완벽주의의 영)
- 죄의식의 영(부끄러움의 영, 당황의 영, 신경과민의 영)
- 근심의 영(걱정의 영, 미래를 걱정하는 영, 남에게 주는 인상을 걱정하는 영)
- 기만의 영(거짓의 영)
- 혼동의 영(좌절의 영, 망각의 영)
- 비판의 영(정죄의 영, 판단의 영, 남의 잘못을 찾아내는 영)
- 간통의 영(유혹의 영, 음란의 영)

- 강간의 영(죽음의 영, 자살의 영, 폭력의 영, 음란의 영)

- 음욕의 영(부정의 영, 간통의 영)

- 포르노의 영(성적 환상의 영)

- 동성연애의 영

- 자위행위의 영(심하게 사로잡힌 상태)

- 우울의 영(죽음의 영, 자살의 영, 불면증, 분노의 영, 패배의 영, 외로움의 영)

- 신경질의 영

- 신경과민의 영(두려움의 영)

- 의심의 영(불신의 영, 냉소의 영)

- 자만의 영(교만의 영, 허영의 영)

- 강박증의 영(결백, 강박 충동의 영, 불안의 영, 완벽주의의 영)

- 경쟁의 영(불안의 영, 우울의 영)

- 허약, 질병의 영(암, 당뇨, 관절염 등의 영)

- 모독의 영(저주의 영, 조롱의 영)

- 통제의 영(지배의 영, 소유욕의 영)

- 중독의 영(알코올, 마약, 담배, 카페인 등)

- 식욕 과다(혹은 감퇴)의 영 (폭식증의 영, 거식증의 영)

- 성취의 영(타인을 즐겁게 해 주는 영)

- 지성과 지식의 영(꼭 알아야 하는 영, 이성주의적 영)

- 광신의 영(의식주의의 영, 교리에 빠지는 영)

- 우상숭배의 영: 프리메이슨리(Freemasonry), 크리스천 사이언스

(Christian Science), 사이언톨로지(Scientology), 여호와의 증인, 뉴에이지, 연금마법술, 일체파(Unity), 몰몬교, 레이키, 부적판(분신사바), 점성술, 마법(Witchcraft), 행운 점, 손금 점, 물 마녀(Water Witching), 불교와 그로부터 파생된 종교들, 이슬람교와 그로부터 파생된 종교들, 힌두교와 그로부터 파생된 종교들, 신도(神道) 등

뇌 신경과 영육 건강 간의 관계

- 전두엽: 망상장애, 운동, 판단
- 미상: 강박장애
- 후두엽: 시각조절 센터, 해석능력, 영적능력, 영분별
- 중심열: 꿈이 없어진다.
- 두정엽: 주의력 결핍(인지, 지각, 학습, 감정)
- 측두엽/ 관자엽: 간질, 약물중독, 환청, 성령의 음성, 이명, 청각, 후각, 미각
- 뇌궁, 중격: 감정 기능 조절(희로애락)
- 담창구: 조울증, 감정의 기복이 심하다.
- 변연계: 정서, 마음, 희로애락
- 해마: 과거의 나쁜 기억들
- 편도체: 도파민(신경전달물질), 공포, 불안 장애, 좋지 않은 일 기억.
- 도파민 증가: 정신분열, 환각, 편집증, 틱장애, 강박장애, 과도한 흥분
- 도파민 감소: 파킨슨(손 떨림, 걸음이 짧아짐, 기억상실), 우울증, 조울증,

ADHD(과잉행동 장애)

- 대상피질: ADHD, 치매
- 시상: 세로토닌(감각전달물질)
- 시상하부: 세로토닌(성적 감정) 정서 장애, 공포, 불안
- 세로토닌 증가: 낙천적
- 세로토닌 감소: 불면증, 혈압증가, 식욕조절이 안 됨.
- 피각: 순서 기억, 두통, 경련.
- 간뇌: 내분비계: 성호르몬, 부신, 췌장, 림프선, 갑상샘(신경성 질환: 예민함, 스트레스)
- 종뇌: 선천성 정신질환
- 운동, 근육 기능, 파킨슨, 우울증, 언어 떨림(중뇌)
- 운동장애, 걷는 것, 행동발달장애: 후뇌
- 생체기능조절, 맥박, 혈압, 기침, 가래, 재채기, 구토, 사래들림: 수뇌
- 공황장애, 광장공포: 울렁증, 질식감, 현기증, 땀, 고소공포, 불안 공포 장애

차단기도

차단기도는 가장 중요한 기도이다. 대적기도로 악한 영을 내쫓았다면 그 빈자리를 예수님의 보혈로, 하나님의 말씀으로, 성령님으로 채워야 한다. 기도 받은 환자뿐 아니라 기도해 준 사역자도 마찬가지로, 악한 영이 들어오지 못하도록 차단해야 한다. 악한 귀신이 떠난 자리를 보혈, 말

씀, 성령으로 채우지 않으면 그 자리에 같은 귀신이나 혹은 더 악한 귀신이 들어와 환자뿐만 아니라 사역자와 그 주변까지도 공격한다. 이를 막기 위해 기도로 악한 영을 차단하는 것이다. 악한 영들을 대적하는 기도를 했던 자신뿐만 아니라 가족과 교회, 만나는 사람, 거하는 처소와 소유물도 공격받지 못하도록 막고, 그것들이 다시는 주변에 얼씬거리지 못하고 들어오지 못하도록 반드시 차단해야 한다.

따라서 보호·대적·차단기도는 한 세트로 이루어져야 한다. 단 하나라도 방심하거나 미루어서는 안 되며, 이를 통해 악한 영들과의 전쟁을 승리로 잘 마무리해야 한다.

보호·대적·차단기도문 작성하기

기도문을 작성하기에 앞서, 사역자는 환자와 충분한 상담을 진행해야 한다. 자세한 상담을 기반으로 작성한 기도문은 효과적인 치유기도의 지름길이다. 사역자는 상담을 시작하기 전에 성령님을 의지하여 환자 안에서 환자를 지배하고 조종하는 악한 영이 무엇인지 가르쳐달라고 기도해야 한다. 성령님은 환자의 입을 통해 환자의 과거, 상처, 환자를 묶고 있는 악한 영들의 정체를 알려주실 것이다(이러한 이유로 사역자는 영분별의 은사를 받는 것이 중요하다).

• 상담과 기도문 작성 순서

1. 사역자는 반드시 먼저 기도하고, 성령님께 온전히 의지하며 상담을 시작한다.

2. 환자의 정확한 증상과 병에 대해 자세히 알아야 한다(통증이 어떻게 오며 그것이 환자의 일상생활에 어떤 영향을 미치는지 알아내어 기도문에 반영해야 한다).

3. 환자의 가정사를 상담하여 환자 자신이나 부모, 친척, 조상이 우상을 섬겼던 일, 하나님께 불순종했던 일을 일일이 찾아내야 한다(찾을 수 있을 만큼 모두 찾고, 찾지 못한 부분은 더 기도하여 알아내어 회개하도록 인도해야 한다).

4. 상담을 바탕으로 환자를 묶고 있는 악한 영의 이름을 찾아야 한다. <기능에 따라 붙여지는 귀신들의 이름>과 <뇌 신경과 영육 건강 간의 관계>에서 환자에게 맞는 기도문을 찾아낸다(특히 뇌의 기능이 생각과 마음과 밀접한 관계가 있기 때문에 정신적으로나 육체적으로 억압하는 뇌 신경의 위치를 알게 되면 수월하게 치유의 단서를 찾아낼 수 있다).

5. 상담하여 찾아낸 문제점과 악한 영을 기반으로 하여 보호기도문, 대적기도문, 차단기도문을 작성한다(기도문을 처음 작성한다면 이 책의 부록 '상황별 맞춤형 기도문'을 참고하라. 만약 환자의 상황이 부록에 제시되어 있다면 그 기도문을 이용하여 기도한다).

치유를 받은 후

앞서 강조했듯이 치유사역의 목적은 단순히 치료 자체에만 있지 않다. 치유의 은혜를 체험했다면 이제는 이웃에게 전해야 한다. 거저 받은 하나님의 사랑을 이웃에게 전해야겠다는 사명감을 가져야 한다. 살아계신 하나님을 믿는다면, 하나님 나라의 확장을 위해 힘써야 한다.

병든 자를 고치며 죽은 자를 살리며 나병환자를 깨끗하게 하며 귀신을 쫓아내되 너희가 거저 받았으니 거저 주라 (마 10:8)

Uproot it

CHAPTER **01** 축복과 저주

축복을 누리며 살 것인지 아니면 저주 속에서 고통과 질병을 안고 살아갈 것인지는 자신의 선택에 달려있다. 하나님은 우리에게 '순종의 축복'의 말씀도 주셨고, '불순종의 저주'의 말씀도 주셨다. 우리에게는 하나를 고를 수 있는 자유가 있다. 그러나 중간은 없다. 순종도 하고, 불순종도 하는 삶은 있을 수 없다. 하나님은 속지 않으신다. 지금 이 순간 스스로 물어보기를 원한다. "축복과 저주 중 무엇을 택할 것인가?"

스스로 속이지 말라 하나님은 업신여김을 받지 아니하시나니 사람이 무엇으로 심든지 그대로 거두리라 (갈 6:7)

하나님은 축복과 저주를 신명기 28장에 함께 제시하시고, 엄청난 저주의 질병들을 가르쳐주셨다. 이는 그분께서 우리가 불순종의 저주의 길을 떠나, 순종을 통해 축복의 길을 걷기 원하시기 때문이다. 다음의 신명기 28장 1-14절은 순종에 따르는 축복에 대한 말씀이다.

네가 네 하나님 여호와의 말씀을 삼가 듣고 내가 오늘 네게 명령하는 그의
모든 명령을 지켜 행하면 네 하나님 여호와께서 너를 세계 모든 민족 위에
뛰어나게 하실 것이라 네가 네 하나님 여호와의 말씀을 청종하면 이 모든 복
이 네게 임하며 네게 이르리니 성읍에서도 복을 받고 들에서도 복을 받을 것
이며 네 몸의 자녀와 네 토지의 소산과 네 짐승의 새끼와 소와 양의 새끼가
복을 받을 것이며 네 광주리와 떡 반죽 그릇이 복을 받을 것이며 네가 들어
와도 복을 받고 나가도 복을 받을 것이니라 여호와께서 너를 대적하기 위해
일어난 적군들을 네 앞에서 패하게 하시리라 그들이 한 길로 너를 치러 들어
왔으나 네 앞에서 일곱 길로 도망하리라 여호와께서 명령하사 네 창고와 네
손으로 하는 모든 일에 복을 내리시고 네 하나님 여호와께서 네게 주시는 땅
에서 네게 복을 주실 것이며 여호와께서 네게 맹세하신 대로 너를 세워 자기
의 성민이 되게 하시리니 이는 네가 네 하나님 여호와의 명령을 지켜 그 길
로 행할 것임이니라 땅의 모든 백성이 여호와의 이름이 너를 위하여 불리는
것을 보고 너를 두려워하리라 여호와께서 네게 주리라고 네 조상들에게 맹
세하신 땅에서 네게 복을 주사 네 몸의 소생과 가축의 새끼와 토지의 소산을
많게 하시며 여호와께서 너를 위하여 하늘의 아름다운 보고를 여시사 네 땅
에 때를 따라 비를 내리시고 네 손으로 하는 모든 일에 복을 주시리니 네가
많은 민족에게 꾸어줄지라도 너는 꾸지 아니할 것이요 여호와께서 너를 머
리가 되고 꼬리가 되지 않게 하시며 위에만 있고 아래에 있지 않게 하시리니
오직 너는 내가 오늘 네게 명령하는 네 하나님 여호와의 명령을 듣고 지켜

행하며 내가 오늘 너희에게 명령하는 그 말씀을 떠나 좌로나 우로나 치우치지 아니하고 다른 신을 따라 섬기지 아니하면 이와 같으리라 (신 28:1-14)

하나님은 신명기 말씀을 통해, 저주의 자리에 있던 인생이 회개하고 축복의 자리로 가는 방법도 제시해 주셨다. 그 방법은 회개하여 하나님께로 돌아서는 것이다. 회개가 절대 어렵지 않으며 아주 쉬운 일임도 함께 말씀하신다.

네가 네 하나님 여호와의 말씀을 청종하여 이 율법책에 기록된 그의 명령과 규례를 지키고 네 마음을 다하며 뜻을 다하여 여호와 네 하나님께 돌아오면 네 하나님 여호와께서 네 손으로 하는 모든 일과 네 몸의 소생과 네 가축의 새끼와 네 토지 소산을 많게 하시고 네게 복을 주시되 곧 여호와께서 네 조상들을 기뻐하신 것과 같이 너를 다시 기뻐하사 네게 복을 주시리라 내가 오늘 네게 명령한 이 명령은 네게 어려운 것도 아니요 먼 것도 아니라 하늘에 있는 것이 아니니 네가 이르기를 누가 우리를 위하여 하늘에 올라가 그의 명령을 우리에게로 가지고 와서 우리에게 들려 행하게 하랴 할 것이 아니요 이것이 바다 밖에 있는 것이 아니니 네가 이르기를 누가 우리를 위하여 바다를 건너가서 그의 명령을 우리에게로 가지고 와서 우리에게 들려 행하게 하랴 할 것도 아니라 오직 그 말씀이 네게 매우 가까워서 네 입에 있으며 네 마음에 있은즉 네가 이를 행할 수 있느니라 (신 30:9-14)

Uproot it

CHAPTER 02

치유받은 후
반드시 지켜야 할 일

성령님께 치유를 받은 후 우리가 꼭 지켜야 할 일들이 있다.

첫째, 하나님의 말씀 묵상하기

둘째, 쉬지 않고 기도하기

셋째, 항상 찬양을 듣고 부르기

치유를 받았다고 모든 것이 끝났다고 생각해서는 안 된다. 기도를 통해 성령님의 치유를 경험한 뒤에는 말씀을 묵상하고, 쉬지 않고 기도하며, 찬양을 듣고 부르는 신앙생활을 통해 오랫동안 묶여있던 질병과 불순종의 습관을 바꿔야 한다. 많은 환자를 지켜본 결과, 보통 3-4주 정도면 완전한 치유가 이루어진다.

치유 이후 3-4주에 걸쳐 자신이 작성한 보호·대적·차단기도를 끊이지 않고 최소 하루에 12차례 행해야 한다. 처음에는 이렇게 기도하기가 쉽지는 않다. 익숙하지 않기 때문이기도 하지만, 보호·대적·차단기도를 시작하면 기도를 방해하는 악한 영의 공격이 상상할 수 없을 만큼 강하게 나타나기 때문이다. 기도를 시작하면 심장의 조임 증상이 오거나, 머리가 아프거나, 입이 돌아가거나, 손발이 마비되는 등의 현상이 일시적으로 나타날 수 있다. 그렇다고 포기하면 절대 안 된다. 악한 영의 방해로 기도하기 어려워지면, 더 강한 성령의 능력으로 대적하면 된다. 그러면 귀신은 금방 물러가고 다시금 평안을 찾으며 자유함을 누리게 된다.

불순종했던 옛 습관들을 과감히 벗어버리고 순종하기를 결단하자. 신실한 예배를 드리고, 성경 말씀을 깊이 묵상하며 끊임없이 기도하고, 큰 능력이 넘치는 보혈 찬양을 반복해서 듣고 부르면, 어느새 예수님 안에서 전인구원을 받고 하나님 나라를 온전히 소유하고 있는 자신을 발견할 것이다.

CHAPTER 03 치유를 받은 후 임하는
하나님 나라

우리는 치유받은 후에, 하나님의 치유 목적을 잊어서는 안 된다. 하나님께서 우리를 치유해 주신 이유는 세상에서 잘 먹고 잘살라고 해 주신 것이 아니다. 예수님의 말씀을 따라 이웃사랑을 실천하기 위함이다. 우리가 하나님의 은혜로 치유받았다면 그 은혜를 이웃과 나누어야 한다. 치유받기 전에 받았던 고통을 생각하고, 내 주변에 저주의 질병 속에 고통받는 사람이 있지는 않은지 살펴보자. 만약 있다면 그들에게 예수님을 전하고, 천국 복음을 전하여 하나님 나라를 확장하는 데 힘써야 한다. 이것이 하나님이 우리를 치유해 주신 목적이다. 우리가 하나님 나라를 확장할 때 하나님은 우리를 더 축복하신다.

다음 말씀들을 묵상하며 축복과 능력, 치유와 회복의 이유를 상기하고, 하나님이 우리를 치유해 주신 이유를 가슴 깊이 새겨보자.

• 거저 받았으니 거저 주라

병든 자를 고치며 죽은 자를 살리며 나병환자를 깨끗하게 하며 귀신을 쫓아
내되 너희가 거저 받았으니 거저 주라 (마 10:8)

• 하나님 나라를 소유한 백성답게 살라

그러나 내가 만일 하나님의 손을 힘입어 귀신을 쫓아낸다면 하나님의 나라
가 이미 너희에게 임하였느니라 (눅 11:20)

• 하나님 나라를 삶으로 증거하라

하나님의 나라는 말에 있지 아니하고 오직 능력에 있음이라 (고전 4:20)

• 하나님 나라의 백성다운 삶

하나님의 나라는 먹는 것과 마시는 것이 아니요 오직 성령 안에 있는 의와
평강과 희락이라 이로써 그리스도를 섬기는 자는 하나님을 기쁘시게 하며
사람에게도 칭찬을 받느니라 (롬 14:17-18)

• 하나님 나라를 소유한 백성

바리새인들이 하나님의 나라가 어느 때에 임하나이까 묻거늘 예수께서 대답하여 이르시되 하나님의 나라는 볼 수 있게 임하는 것이 아니요 또 여기 있다 저기 있다고도 못하리니 하나님의 나라는 너희 안에 있느니라 (눅 17:20-21)

마치는 글

하나님은 어제나 오늘이나 영원토록 변함없이 치료하시는 것을 좋아하시고 즐기신다. 하나님은 독생자 예수 그리스도를 이 땅에 보내사 십자가에서 대속의 은총을 베푸셨다. 만병의 치료자이신 예수 그리스도의 은혜와 그 이름의 능력을 베풀어 주셨다. 이 순간에도 의심치 아니하고, 믿고 의지하여 기도하면 예수님이 행하셨던 치유와 기적을 경험할 수 있다. 예수님은 어제나 오늘이나 영원토록 동일한 분이시기 때문이다.

하나님은 이토록 부족한 종에게 귀하고 복된 생명의 말씀을 주시고, 그 말씀을 이루시기 위해 많은 시련과 연단을 허락하셨다. 그 가운데서 완악하고 추한 인생을 깨뜨리시고 성령으로 기름 부으셨다. 하나님은 영적으로 악하고 음란한 이 세대가 회복되길 원하신다. 어둠의 세상 주관자들과 공중 권세 잡은 악한 영들에 갇히고 눌리고 포로 된 자들을 자유롭게 하기를 원하신다. 그 회복을 위해 이 책을 집필하도록 인도하셨다. 이 책으로 천하보다 귀한 한 영혼을 살리게 하신 하나님께 감사하고 감사하지 않을 수가 없다.

이제 이 책을 통해 많은 영혼이 살아날 수 있기를, 이 책이 불순종의 저주에 따른 불치병, 희귀병을 위한 치유의 지침서로 쓰임 받길 기대한다.

치유를 위한 맞춤 기도문

성령님께서 주신
보호·대적·차단
기도문

성령님께서 주신
보호·대적·차단기도문

여호와의 말씀이니라 너희를 향한 나의 생각을 내가 아나니 평안이요 재앙

이 아니니라 너희에게 미래와 희망을 주는 것이니라 너희가 내게 부르짖으

며 내게 와서 기도하면 내가 너희들의 기도를 들을 것이요 너희가 온 마음으

로 나를 구하면 나를 찾을 것이요 나를 만나리라 이것은 여호와의 말씀이니

라 나는 너희들을 만날 것이며 너희를 포로된 중에서 다시 돌아오게 하되 내

가 쫓아 보내었던 나라들과 모든 곳에서 모아 사로잡혀 떠났던 그 곳으로 돌

아오게 하리라 이것은 여호와의 말씀이니라 (렘 29:11-14)

보호·대적·차단기도문은 그동안 병원에서 불치병, 희귀병이라고 진
단받은 환자를 위해 기도했을 때, 강력한 치유가 나타났던 기도문을 엄
선한 것이다. 이 기도문은 신명기 28장을 근거로 하였다.

기도를 시작하면서 신체에 예상치 못했던 반응들이 나타날 수도 있지
만 그럴 때 기도의 횟수를 늘리면 어느새 안정을 찾게 되고 치유를 경험
하게 될 것이다.

병을 대하는 시각을 바꾸라. 저자가 예레미야 29장 11-14절의 말씀을 붙잡고 각종 불치의 병들을 위해 기도하면서 깨달은 것은 모든 질병이 재앙이 아니라는 것이다. 하나님은 질병을 통해 새로운 일을 행하시고, 새로운 소망을 주신다. 그 사실을 깨닫고 믿음으로 고백해야 한다.

기도문 사용방법

1. 먼저, 본서 <PART 5의 CHAPTER 3 보호·대적·차단기도>의 내용을 숙지한다.

2. 아래 기도문 목록에서 환자의 질병과 맞는 기도문을 찾는다.

3. 하루에 최소 12번씩 기도한다(기도문을 숙달하기 전까지는 차근차근 읽으며 진행한다).

4. 기도문을 읽을 때 '○○○'에 기도 받는 사람의 이름을 넣어 큰소리로 읽는다.

5. 기도문을 읽기 시작하면 악한 영의 공격이 온다. 그러나 절대 겁내지 말고 더 강력하게 기도하라. 성령께서 악한 영에 대적함으로써 끝까지 승리할 수 있다.

기도문 목차

21. 3차 신경통

22. 성조숙증

23. 이유 없는 졸도(복부의 가스), 백질 연화증, 다발성 경화증

24. 조막손, 손가락 마비, 손가락 관절염

25. 혀 짧은 언어장애, 비정상적으로 짧은 손가락, 다리 비대칭

26. 골반 부상, 척추협착증, 날 때부터 뒤틀린 몸, 허리디스크와 목 어깨

27. 틱장애, 공황장애

28. 자폐증

29. 정신착란(정신분열)

30. 알코올 중독과 각종 중독

31. 동성애

32. 조울증

33. 종풍, 뇌졸중, 뇌출혈

34. 파킨슨병

1. 가정의 다툼과 분쟁

2008년 8월, 몽골에서 혼수상태(Coma)에 빠졌다가 기도로 살아난 자매가 우울증으로 인해 정신병원에 입원한 적이 있다. 자매를 위해 기도해 주려 몽골에 갔었다. 당시 자매 가족의 초대를 받아, 집에 방문했었는데 옆집에서 그릇이 깨지며 심하게 다투는 소리가 들렸다. 자매의 부모에게 무슨 일인지 물었더니 "우리가 이사 온 날부터 4개월째 하루도 거르지 않고 다툽니다"라고 말했다. 나는 슬그머니 일어나 벽에 손을 얹고 옆집을 향해 기도했다. 2년 후 자매에게 물었는데, 그날 이후 한 번도 다투지 않았다고 말했다. 가정사를 자세히 알면 구체적으로 기도문을 작성하여 기도하고, 모를 때는 아래의 기도문대로 기도하라.

성령님 초청하오니 바람같이, 구름같이, 불같이, 생수같이 지금 이 자리에 오셔서 우리의 기도를 들어주시고, 우리를 대신하여 간구하여 주시고, 우리 위에 성령으로 기름 부으소서! 오늘 이 시간 기도하는 ○○○의 가정과 만나는 사람과 거하는 처소 또한 이 가정을 위해 기도하는 나(주의종)와 가정, 섬기는 교회와 성도들, 만나는 사람들과 거하는 처소를 십자가 보혈과 성령의 권능과 하나님 말씀으로 덮습니다. 이 시간 이 가정에 들어와 다툼을 부추기는 정사와 권세와 어둠의 세상 주관자들과 하늘에 있는 악한 영으로부터 지켜 보호하여 주시옵소서!

내가 이 시간 나사렛 예수의 이름으로 명하노니 이 가정을 묶고 날마다 다투게 하여 가정의 기물을 부수게 하는 다툼의 영, 폭력의 영, 기물을 파손하게 하는 악한 영, 분리의 영은 이 가정과 부부와 가족 가운데서 떠나갈지어다.

성령님, 이 시간 성령님을 의지하고 나사렛 예수의 이름으로 이 가정을 묶으며, 날마다 다투게 하여 가정의 기물을 부수게 하는 다툼의 영, 폭력의 영, 기물을 파손하게 하는 악한 영, 분리의 영을 십자가 보혈과 성령의 능력의 끈으로 묶어서 주님 발 앞에 던집니다. 주님 받아주셔서 저 지옥 불로 던져주시옵소서.

성령님, 감사합니다. 악한 영들이 떠나간 그 자리를 십자가 보혈의 능력과 성령의 권능과 하나님의 말씀으로 채워주시니 감사합니다. 내 이 시간 나사렛 예수의 이름으로 명하노니 다툼과 폭력과 파손과 분리의 영은 이 가정 가운데 묶음을 놓고 떠나갈지어다. 다시는 들어가지 못할지어다.

"그가 찔림은 우리의 허물 때문이요 그가 상함은 우리의 죄악 때문이라 그가 징계를 받으므로 우리는 평화를 누리고 그가 채찍에 맞으므로 우리는 나음을 받았도다."(사 53:5) 말씀대로 다 이루어졌음을 믿음으로 선포합니다. 예수님 이름으로 기도합니다. 아멘!

2. 기도와 예배를 방해할 때

> 신앙생활을 한 지 제법 시간이 지났음에도 '저 사람은 예배 자세가 왜 저 모양이야?', '저 사람은 평소에는 말도 잘하고 사람들과 어울리면서 예배만 시작하면 왜 졸까?'라고 비판을 듣는 사람이 있다. 사탄은 우리가 말씀을 듣지 못하도록, 예배드리지 못하도록 방해할 뿐만 아니라 기도도 하지 못하도록 막는다(특히 기도를 하거나 받기 전 갑자기 몸이 가렵다거나, 잠이 쏟아진다거나, 배가 아픈 현상 등이 나타난다). 기도를 시작할 때는 먼저 기도를 방해하는 사탄을 대적해야 한다.

성령님 초청하오니 바람같이, 구름같이, 불같이, 생수같이 이 자리에 오셔서 우리의 기도를 들어주시고, 우리를 대신하여 간구하여 주시고, 우리 위에 성령으로 기름 부으소서! 오늘 이 시간 기도하는 ○○○의 가정, 만나는 사람과 거하는 처소 또한 이 가정을 위해 기도하는 나(주의 종)와 가정, 섬기는 교회와 성도들, 만나는 사람들과 거하는 처소를 십자가 보혈과 성령의 권능과 하나님 말씀으로 덮습니다. 지금 정사와 권세와 어둠의 세상 주관자들과 하늘에 있는 악한 영으로부터 지켜 보호하여 주시옵소서!

내가 이 시간 나사렛 예수의 이름으로 명하노니 ○○○를 지금까지 묶고 있던 악한 영들과 더러운 귀신들을 ○○○의 생각과 마음과 지식과 감정과 의지 속에서 대적하며, 나사렛 예수의 이름으로 십자가 보혈의 능력과 성령의 능력의 끈으로 다 묶노라. 묶어서 주님 발 앞에 던집니다.

주님 받아주시고 저 지옥 불로 던져주시옵소서. 이 시간 기도와 예배를 방해하는 악한 영들과 더러운 귀신들이 떠난 빈자리를 십자가 보혈과 성령의 능력과 하나님 말씀으로 채우고, 십자가 보혈의 능력과 성령의 능력과 하나님 말씀의 능력으로 차단하고 보호하며 선포합니다.

다시는 ○○○의 기도를 방해하지 못할지어다! 다시는 예배드리는 것을 방해하지 못할지어다! ○○○는 하나님이 사랑하는 하나님의 자녀다. 다시는 괴롭히지 못할지어다. 이 시간부터 ○○○는 기도의 문이 활짝 열리고 예배의 문이 활짝 열릴지어다.

"그가 찔림은 우리의 허물 때문이요 그가 상함은 우리의 죄악 때문이라 그가 징계를 받으므로 우리는 평화를 누리고 그가 채찍에 맞으므로 우리는 나음을 받았도다."(사 53:5) 말씀대로 다 이루어졌음을 믿음으로 선포합니다. 예수님의 이름으로 기도합니다. 아멘!

3. 불임

신명기 28장 4절의 "네 몸의 소생이 복을 받을 것이며"라는 말씀을 붙잡고 기도하라.

전지전능하시고 우주 만물을 창조하신 하나님 아버지께서 말씀하시기를 "하나님의 말씀을 순종하는 자에게 네 몸의 소생이 복을 받을 것이며"라고 말씀하셨습니다. 그 말씀을 의지하고 지금까지 ○○○의 조상들이 우상과 미신을 많이 섬기며 우상과 맺은 언약들을 예수의 이름으로 다 취소하며 믿음으로 기도합니다. 믿음의 기도를 들어 응답하여 주시옵소서!

이 시간 ○○○와 ○○○를 주님 앞에 올려드리며 성령님을 인격적으로 인정하고, 환영하고, 의지하며 초청하오니 바람같이, 구름같이, 불같이, 생수같이 ○○○와 ○○○의 머리끝부터 발끝까지 임하시옵소서! 조상들이 우상과 미신을 섬겨, 불순종의 저주로 인하여 ○○○와 ○○○의 몸의 소생이 잘되는 축복이 저주로 닫혀 있는데 오늘 이 시간 그 불순종의 저주를 순종의 축복으로 바꿉니다. 두 사람의 삶 속에 십자가 보혈과 성령의 권능과 하나님 말씀으로 덮습니다. 이 시간 이 부부를 지켜 보호하여 주시옵소서!

내가 이 시간 ○○○와 ○○○ 부부간에 불순종의 저주로 인하여 태의 문을 닫아 불임하게 만든 악한 영들과 더러운 귀신을 십자가 보혈과 성령의 능력의 끈으로 묶어서 주님 발 앞에 던집니다! 주여 받아주옵시고 지옥 불로 던져주시옵소서! 감사합니다. 그 빈자리를 보혈과 성령과 하나님 말씀으로 채워주시니 감사합니다.

내가 이 시간 나사렛 예수의 이름으로 명령하며 십자가 보혈의 능력과 성령의 능력과 하나님 능력의 말씀으로 차단하며 선포하노니 이제 하나님의 사람 ㅇㅇㅇ와 ㅇㅇㅇ의 닫힌 태의 문은 활짝 열릴지어다! 다시는 하나님의 사람 ㅇㅇㅇ의 태의 문은 닫히지 않을지어다! ㅇㅇㅇ와 ㅇㅇㅇ의 태의 문이 열리므로 인하여 불임의 영은 떠나고 하나님의 기업이 소생이 잘되는 생명의 축복으로 나타날지어다.

"그가 찔림은 우리의 허물 때문이요 그가 상함은 우리의 죄악 때문이라 그가 징계를 받으므로 우리는 평화를 누리고 그가 채찍에 맞으므로 우리는 나음을 받았도다."(사 53:5) 말씀대로 다 이루어졌음을 믿음으로 선포합니다. 예수님 이름으로 기도합니다. 아멘!

4. 폐암, 기관지암, 흉선암

성령님 인정하고, 환영하고, 모셔드리고, 의지하며 초청하오니 바람 같이, 구름같이, 불같이, 생수같이 지금 이 자리에 오셔서 우리의 기도를 들어주시고, 우리를 대신하여 간구하여 주시고, 우리 위에 성령으로 기름 부으소서! 오늘 이 시간 성령님과 함께 기도하는 ○○○의 가정과 가족들, 만나는 사람과 거하는 처소 또한 이 가정을 위해 기도하는 나(주의 종)와 가정과 섬기는 교회와 성도들, 만나는 사람들과 거하는 처소를 십자가 보혈과 성령의 권능과 하나님 말씀으로 덮습니다. 지금 정사와 권세와 어둠의 세상 주관자들과 하늘에 있는 악한 영으로부터 지켜 보호하여 주시옵소서!

내가 이 시간 나사렛 예수의 이름으로 ○○○의 조상들과 하나님이 가장 미워하시는 우상과 미신을 섬겼던 죄와 조상이 우상과 맺었던 모든 계약과 약속을 취소한다. 그리고 그 불순종으로 생긴 저주의 뿌리, 그 저주의 뿌리로 인한 죽음의 영, 자살의 영, 저주의 영, 두려움의 영은 떠나갈지어다. 폐, 기관지, 식도, 목, 코 모든 호흡기에 들어가 폐암(기관지암, 흉선암)을 가져다 준 더러운 귀신들과 폐(기관지, 흉선과 허파꽈리)에 기생하는 암 덩어리와 암세포를 십자가 보혈의 능력의 끈과 성령의 능력의 끈으로 묶어 주님 발 앞에 던집니다. 주님 받아주셔서 저 지옥 불로 던져주시옵소서!

성령님, 감사합니다. 지금 (폐, 기관지, 흉선)암 덩어리와 암세포가 비워진 그 자리를 십자가 보혈과 성령의 능력과 하나님의 말씀으로 채워주시니 감사합니다. 내가 지금 나사렛 예수의 이름으로 십자가 보혈과 성령의 능력과 하나님의 말씀으로 차단하며 선포한다. 다시는 (폐, 기관지, 흉선) 암 덩어리와 암세포는 ○○○에게 다시는 들어가지 못할지어다. ○○○는 하나님의 자녀. 다시는 괴롭히지 못할지어다.

"그가 찔림은 우리의 허물 때문이요 그가 상함은 우리의 죄악 때문이라 그가 징계를 받으므로 우리는 평화를 누리고 그가 채찍에 맞으므로 우리는 나음을 받았도다."(사 53:5) 말씀대로 다 이루어졌음을 믿음으로 선포합니다. 예수님의 이름으로 기도합니다. 아멘!

5. 결핵균, 폐의 상흔

특별히 폐의 질병으로 천식이나 결핵 등을 앓았던 사람은 폐에 상흔이 남는다(이런 경우 캐나다 영주권을 신청할 때 신체검사에서 탈락하여 영주권을 취득할 수 없다). 기도를 통해 폐에 흔적이나 상흔이 즉각적으로 사라지는 것을 쉽게 볼 수 있었다.

성령님 인정하고, 환영하고, 모셔드리고, 의지하며 초청하오니 바람같이, 구름같이, 불같이, 생수같이 지금 이 자리에 오셔서 우리의 기도를 들어주시고, 우리를 대신하여 간구하여 주시고, 우리 위에 성령으로 기름 부으소서! 오늘 이 시간 성령님과 함께 기도하는 ○○○의 가정, 만나는 사람과 거하는 처소 또한 이 가정을 위해 기도하는 나(주의 종)와 가정, 섬기는 교회와 성도들, 만나는 사람들과 거하는 처소를 십자가 보혈과 성령의 권능과 하나님 말씀으로 덮습니다. 지금 정사와 권세와 어둠의 세상 주관자들과 하늘에 있는 악한 영으로부터 지켜 보호하여 주시옵소서!

내가 이 시간 나사렛 예수의 이름으로 ○○○의 조상들과 하나님이 가장 미워하시는 우상과 미신을 섬겼던 죄와 조상이 우상과 맺었던 모든 계약과 약속을 취소한다. 그리고 그 불순종으로 생긴 저주의 뿌리, 그 저주의 뿌리로 인한 죽음의 영, 자살의 영, 저주의 영, 두려움의 영은 떠나갈지어다. 폐, 기관지, 식도, 목, 코 모든 호흡기와 림프선에 들어가 결핵균을 남겨놓고 폐에 흔적을 남긴 더러운 귀신들과 폐와 림프선 등에 기생하고 있는 결핵균과 상흔을 십자가 보혈의 능력의 끈과 성령의 능력의 끈으로 묶어 주님 발 앞에 던집니다. 주님 받아주셔서, 저 지옥 불로 던져주시옵소서!

성령님, 감사합니다. 지금 폐와 림프선 등에 기생하고 있는 결핵균과 상흔이 비워진 그 자리를 십자가 보혈과 성령의 능력과 하나님의 말씀으로 채워주시니 감사합니다. 내가 지금 나사렛 예수의 이름으로 십자가 보혈과 성령의 능력과 하나님의 말씀으로 차단하며 선포한다. 다시는 ○○○의 폐와 림프선 등에 기생하고 있던 결핵균과 상흔은 ○○○에게 들어가지 못할지어다. ○○○는 하나님의 자녀. 다시는 괴롭히지 못할지어다.

"그가 찔림은 우리의 허물 때문이요 그가 상함은 우리의 죄악 때문이라 그가 징계를 받으므로 우리는 평화를 누리고 그가 채찍에 맞으므로 우리는 나음을 받았도다."(사 53:5) 말씀대로 다 이루어졌음을 믿음으로 선포합니다. 예수님의 이름으로 기도합니다. 아멘!

6. 기관지 확장증, 폐 섬유증

각종 호흡기 질환의 증상 중 심한 기침과 가래와 혈담이 나올 때 '비결핵성 항산균 감염증'인 경우가 많다. 기침, 가래, 혈담 등의 증상을 동반하는 호흡기 질환의 치유를 놓고 기도할 때 비결핵성 항상균감염치유를 함께 기도해 주면, 증상이 멈추는 것을 볼 수 있다.

성령님 인정하고, 환영하고, 모셔드리고, 의지하며 초청하오니 바람같이, 구름같이, 불같이, 생수같이 지금 이 자리에 오셔서 우리의 기도를 들어주시고, 우리를 대신하여 간구하여 주시고, 우리 위에 성령으로 기름 부으소서! 오늘 이 시간 성령님과 함께 기도하는 ○○○의 가정과 가족들, 만나는 사람과 거하는 처소 또한 이 가정을 위해 기도하는 나(주의 종)와 가정과 섬기는 교회와 성도들, 만나는 사람들과 거하는 처소를 십자가 보혈과 성령의 권능과 하나님 말씀으로 덮습니다. 지금 정사와 권세와 어둠의 세상 주관자들과 하늘에 있는 악한 영으로부터 지켜 보호하여 주시옵소서!

내가 이 시간 나사렛 예수의 이름으로 ○○○의 조상들과 하나님이 가장 미워하시는 우상과 미신을 섬겼던 죄와 모든 계약과 약속을 취소한다. 그리고 그 불순종으로 생긴 저주의 뿌리, 그 저주의 뿌리로 인한 죽음의 영, 자살의 영, 저주의 영, 두려움의 영은 떠나갈지어다. 폐, 기관지, 식도, 목, 코 모든 호흡기에 들어가 기관지 확장증(폐섬유증)을 줘서 기관지가 탄력을 잃어(폐가 굳어) 숨을 쉬지 못하게 하고 코, 목, 기관지, 식도, 폐에 기생하고 있는 비결핵성 항산균을 십자가 보혈의 능력의 끈과 성령의 능력의 끈으로 묶어 주님 발 앞에 던집니다. 주님 받아주셔서, 저 지옥 불로 던져주시옵소서!

성령님, 감사합니다. 지금 폐, 기관지, 식도, 목, 코 모든 호흡기에서 기관지 확장증(폐 섬유증)과 비결핵성 항산균이 떠나간 그 자리를 십자가 보혈과 성령의 능력과 하나님의 말씀으로 채워주시니 감사합니다. 내가 지금 나사렛 예수의 이름으로 십자가 보혈과 성령의 능력과 하나님의 말씀으로 차단하며 선포한다. 다시는 ○○○의 폐, 기관지, 식도, 목, 코 모든 호흡기에서 떠나간 기관지 확장증(폐 섬유증)을 가져다준 저주와 더러운 귀신들과 비결핵성 항산균으로 기침하게 하고 가래가 끓게 했던 더러운 병마는 ○○○에게 다시는 들어갈 수가 없다. ○○○는 하나님의 자녀다. 다시는 괴롭히지 못할지어다.

"그가 찔림은 우리의 허물 때문이요 그가 상함은 우리의 죄악 때문이라 그가 징계를 받으므로 우리는 평화를 누리고 그가 채찍에 맞으므로 우리는 나음을 받았도다."(사 53:5) 말씀대로 다 이루어졌음을 믿음으로 선포합니다. 예수님의 이름으로 기도합니다. 아멘!

7. 미세먼지로 인한 비염과 천식, 각종 호흡기 질환

먼저 이 말씀을 묵상하라.

> 네 머리 위의 하늘은 놋이 되고 네 아래의 땅은 철이 될 것이며 여호
> 와께서 비 대신에 티끌과 모래를 네 땅에 내리시리니 그것들이 하늘
> 에서 네 위에 내려 마침내 너를 멸하리라 (신 28:23-24)

천식이나 기침 때문에 고생하는 사람을 위해 기도하기 전 먼저 점검해
보라. 환자가 숨을 깊게 들이마시면서 기침을 하면 어릴 때 '백일해'를
앓았다는 증거이다. 그런 사람을 위해서는 천식 대신 백일해로 기도하
라. 반면, 숨을 마셨다가 내쉬면서 기침이 나오면 '천식'이다.

성령님 인정하고, 환영하고, 모셔드리고, 의지하며 초청하오니 바람
같이, 구름같이, 불같이, 생수같이 지금 이 자리에 오셔서 우리의 기도
를 들어주시고, 우리를 대신하여 간구하여 주시고, 우리 위에 성령으로
기름 부으소서! 오늘 이 시간 성령님과 함께 기도하는 ○○○의 가정, 만
나는 사람과 거하는 처소 또한 이 가정을 위해 기도하는 나(주의 종)와 가
정, 섬기는 교회와 성도들, 만나는 사람들과 거하는 처소를 십자가 보혈
과 성령의 권능과 하나님 말씀으로 덮습니다. 지금 정사와 권세와 어둠
의 세상 주관자들과 하늘에 있는 악한 영으로부터 지켜 보호하여 주시옵
소서!

내가 이 시간 나사렛 예수의 이름으로 ○○○의 조상들과 하나님이 가장 미워하시는 우상과 미신을 섬겼던 죄와 조상이 우상과 맺었던 모든 계약과 약속을 취소한다. 그리고 그 불순종으로 생긴 저주의 뿌리, 그 저주의 뿌리로 인한 죽음의 영, 자살의 영, 저주의 영, 두려움의 영은 떠나갈지어다. 폐, 기관지, 식도, 목, 코 모든 호흡기에 들어가 천식(백일해, 호흡기 질환)을 줘서 기관지가 탄력을 잃어 숨을 쉬지 못하게 하고 코, 목, 기관지, 식도, 폐에 기생하고 있는 비결핵성 항산균을 십자가 보혈의 능력의 끈과 성령의 능력의 끈으로 묶어 주님 발 앞에 던집니다. 주님 받아주셔서, 저 지옥 불로 던져주시옵소서!

　성령님, 감사합니다. 지금 폐, 기관지, 식도, 목, 코와 모든 호흡기에서 기관지 확장증과 비결핵성 항산균이 떠나간 그 자리를 십자가 보혈과 성령의 능력과 하나님의 말씀으로 채워주시니 감사합니다. 내가 지금 나사렛 예수의 이름으로 십자가 보혈과 성령의 능력과 하나님의 말씀으로 차단하며 선포한다. 다시는 ○○○의 폐, 기관지, 식도, 목, 코 모든 호흡기에서 떠나간 기관지 확장증의 저주와 비결핵성 항산균으로 기침하게 하고 가래가 끓게 했던 더러운 병마는 ○○○에게 다시는 들어가지 못할지어다. ○○○는 하나님의 자녀다. 다시는 괴롭히지 못할지어다.

　"그가 찔림은 우리의 허물 때문이요 그가 상함은 우리의 죄악 때문이라 그가 징계를 받으므로 우리는 평화를 누리고 그가 채찍에 맞으므로 우리는 나음을 받았도다."(사 53:5) 말씀대로 다 이루어졌음을 믿음으로 선포합니다. 예수님의 이름으로 기도합니다. 아멘!

8. 열병(열병, 열성 경련증, 뎅기열)

열병을 치료하는 것은 너무나 중요하다. 열병으로부터 파생한 병이 매우 많기 때문이다. 특히 '간질'의 중대한 원인 중 하나가 바로 열병이다.

성령님 인정하고, 환영하고, 모셔드리고, 의지하며 초청하오니 바람같이, 구름같이, 불같이, 생수같이 지금 이 자리에 오셔서 우리의 기도를 들어주시고, 우리를 대신하여 간구하여 주시고, 우리 위에 성령으로 기름 부으소서! 오늘 이 시간 성령님과 함께 기도하는 ○○○의 가정, 만나는 사람과 거하는 처소 또한 이 가정을 위해 기도하는 나(주의 종)와 가정, 섬기는 교회와 성도들, 만나는 사람들과 거하는 처소를 십자가 보혈과 성령의 권능과 하나님 말씀으로 덮습니다. 지금 정사와 권세와 어둠의 세상 주관자들과 하늘에 있는 악한 영으로부터 지켜 보호하여 주시옵소서!

내가 이 시간 나사렛 예수의 이름으로 ○○○의 조상들과 하나님이 가장 미워하시는 우상과 미신을 섬겼던 죄와 조상이 우상과 맺었던 모든 계약과 약속을 취소한다. 그리고 그 불순종으로 생긴 저주의 뿌리, 그 저주의 뿌리로 인한 죽음의 영, 자살의 영, 저주의 영, 두려움의 영은 떠나갈지어다. 특별히 저주의 병인 열병(열성 경련증, 뎅기열)을 가져다준 더러운 귀신을 십자가 보혈의 능력의 끈과 성령의 능력의 끈으로 묶어서 나사렛 예수의 이름으로 주님 발 앞에 던집니다. 주님 받아주셔서 저 지옥 불로 던져주시옵소서!

성령님, 이 시간 열병(열성 경련증, 뎅기열)이 떠나간 그 자리에 십자가 보혈과 성령의 능력과 하나님의 말씀으로 채워주시니 감사합니다. 내가 이 시간 나사렛 예수의 이름으로 십자가 보혈의 능력과 성령의 능력과 하나님의 말씀으로 차단하며 선포한다. 지금 ○○○에게서 떠나간 열병(열성 경련증, 뎅기열)은 다시는 ○○○에게 들어가지 못할지어다. ○○○는 하나님의 자녀다. 너희와는 전혀 상관이 없다. 다시는 들어가지 못할지어다.

"그가 찔림은 우리의 허물 때문이요 그가 상함은 우리의 죄악 때문이라 그가 징계를 받으므로 우리는 평화를 누리고 그가 채찍에 맞으므로 우리는 나음을 받았도다."(사 53:5) 말씀대로 다 이루어졌음을 믿음으로 선포합니다. 예수님 이름으로 기도합니다. 아멘!

9. 간질(뇌전증)

간질(뇌전증)을 상세히 담은 말씀은 마가복음 9장 18절이다. 간질(뇌전증)
환자에게 이 말씀을 제시하면 자신의 이야기라고 말한다. 간질은 다음
과 같이 기도해줄 때 쉽게 치료가 되었다. 병원에서는 보통 1-2년 정도
발작이 없었을 때 완치되었다고 진단한다.

성령님 인정하고, 환영하고, 모셔드리고, 의지하며 초청하오니 바람
같이, 구름같이, 불같이, 생수같이 지금 이 자리에 오셔서 우리의 기도를
들어주시고, 우리를 대신하여 간구하여 주시고, 우리 위에 성령으로 기
름 부으소서! 오늘 이 시간 성령님과 함께 기도하는 ○○○의 가정과 가
족들, 만나는 사람과 거하는 처소 또한 이 가정을 위해 기도하는 나(주의
종)와 가정과 섬기는 교회와 성도들, 만나는 사람들과 거하는 처소를 십
자가 보혈과 성령의 권능과 하나님 말씀으로 덮습니다. 지금 정사와 권
세와 어둠의 세상 주관자들과 하늘에 있는 악한 영으로부터 지켜 보호하
여 주시옵소서!

내가 이 시간 나사렛 예수의 이름으로 ○○○의 조상들과 하나님이 가
장 미워하시는 우상과 미신을 섬겼던 죄와 조상이 우상과 맺었던 모든
계약과 약속을 취소한다. 그리고 그 우상을 섬기고 미신을 섬겼던 불순
종으로 생긴 저주의 뿌리, 그 저주의 뿌리로 인한 죽음의 영, 자살의 영,
저주의 영, 두려움의 영은 떠나갈지어다. 저주의 병인 열병과 열성 경련

증을 가져다주고 그 흔적으로 생긴 간질과 뇌 신경 가운데 있는 측두엽과 관자엽에 들어가 간질을 주어서 때로는 거꾸러져 거품을 흘리게 하고, 이를 갈고, 얼굴색도 파리해지게 만들어 죽음과 두려움과 고통과 불안과 공포 속으로 집어넣는 더러운 귀신을 십자가 보혈의 능력의 끈과 성령의 능력의 끈으로 묶어서 나사렛 예수의 이름으로 주님 발 앞에 던집니다. 주님 받아주셔서 저 지옥 불로 던져주시옵소서!

성령님, 감사합니다. 더러운 귀신들이 떠난 그 자리를 예수 그리스도의 보혈과 성령의 권능과 하나님 말씀으로 채워주시니 감사합니다. 내가 이 시간 나사렛 예수의 이름으로 ○○○의 머리끝부터 발끝까지 또한 생각, 마음, 지식, 감정, 의지와 기억까지 예수 그리스도의 보혈과 성령의 권능과 하나님 말씀으로 물샐틈없이 차단하며 선포한다. 하나님이 사랑하시는 ○○○에게 다시는 간질로 인한 저주와 죽음과 자살과 불안과 공포는 들어가지 못할지어다.

"그가 찔림은 우리의 허물 때문이요 그가 상함은 우리의 죄악 때문이라 그가 징계를 받으므로 우리는 평화를 누리고 그가 채찍에 맞으므로 우리는 나음을 받았도다."(사 53:5) 말씀대로 다 이루어졌음을 믿음으로 선포합니다. 예수님의 이름으로 기도합니다. 아멘!

10. 피부병 (아토피 피부병, 간 혈관종 등)

성령님 인정하고, 환영하고, 모셔드리고, 의지하며 초청하오니 바람 같이, 구름같이, 불같이, 생수같이 지금 이 자리에 오셔서 우리의 기도를 들어주시고, 우리를 대신하여 간구하여 주시고, 우리 위에 성령으로 기름 부으소서! 오늘 이 시간 성령님과 함께 기도하는 ○○○의 가정과 가족들, 만나는 사람과 거하는 처소 또한 이 가정을 위해 기도하는 나(주의 종)와 가정과 섬기는 교회와 성도들, 만나는 사람들과 거하는 처소를 십자가 보혈과 성령의 권능과 하나님 말씀으로 덮습니다. 지금 정사와 권세와 어둠의 세상 주관자들과 하늘에 있는 악한 영으로부터 지켜 보호하여 주시옵소서!

내가 이 시간 나사렛 예수의 이름으로 ○○○의 조상들과 하나님이 가장 미워하시는 우상과 미신을 섬겼던 죄와 조상이 우상과 맺었던 모든 계약과 약속을 취소한다. 그리고 그 우상을 섬기고 미신을 섬겼던 불순종으로 생긴 저주의 뿌리, 그 저주의 뿌리로 인한 죽음의 영, 자살의 영, 저주의 영, 두려움의 영은 떠나갈지어다. 저주의 병인 피부병과 피부병의 뿌리로부터 아토피 피부병(간 혈관종)을 가져다주고 그 흔적으로 온몸을 흉측스러운 피부로 만들고 극심한 가려움으로 인해 죽음과 두려움과 고통과 공포 속에 집어넣는 악하고 더러운 아토피 피부병(간 혈관종)의 근본 뿌리를 십자가 보혈의 능력의 끈과 성령의 능력의 끈으로 묶어서 나사렛 예수의 이름으로 주님 발 앞에 던집니다. 주님 받아주셔서 저 지옥 불로 던져주시옵소서!

성령님, 감사합니다. 악하고 더러운 아토피 피부병(간 혈관종)의 근본 뿌리인 악한 영과 더러운 귀신이 떠난 그 자리를 예수 그리스도의 보혈과 성령의 권능과 하나님 말씀으로 채워주시니 감사합니다. 내가 이 시간 나사렛 예수의 이름으로 ○○○의 머리끝부터 발끝까지 또한 생각, 마음, 지식, 감정, 의지와 기억까지 예수 그리스도의 보혈과 성령의 권능과 하나님 말씀으로 물샐틈없이 차단하며 선포한다. 하나님이 사랑하시는 ○○○에게 다시는 아토피 피부병(간 혈관종)으로 인한 저주와 죽음과 자살과 불안과 공포는 들어가지 못할지어다.

"그가 찔림은 우리의 허물 때문이요 그가 상함은 우리의 죄악 때문이라 그가 징계를 받으므로 우리는 평화를 누리고 그가 채찍에 맞으므로 우리는 나음을 받았도다."(사 53:5) 말씀대로 다 이루어졌음을 믿음으로 선포합니다. 예수님의 이름으로 기도합니다. 아멘!

11. 치질

아주 흔하지만, 쉽게 말하기 힘든 질환 중 하나이다. 수술을 해도 완치가 쉽지 않다. 그러나 성경에서 저주의 병으로 분명하게 말씀하는 질환 중 하나로, 기도로 깨끗하게 나을 수 있다.

여호와께서 애굽의 종기와 치질과 괴혈병과 피부병으로 너를 치시리니 네가 치유 받지 못할 것이며 (신 28:27)

성령님 인정하고, 환영하고, 모셔드리고, 의지하며 초청하오니 바람같이, 구름같이, 불같이, 생수같이 지금 이 자리에 오셔서 우리의 기도를 들어주시고, 우리를 대신하여 간구하여 주시고, 우리 위에 성령으로 기름 부으소서! 오늘 이 시간 성령님과 함께 기도하는 ○○○의 가정과 가족들, 만나는 사람과 거하는 처소 또한 이 가정을 위해 기도하는 나(주의 종)와 가정과 섬기는 교회와 성도들, 만나는 사람들과 거하는 처소를 십자가 보혈과 성령의 권능과 하나님 말씀으로 덮습니다. 지금 정사와 권세와 어둠의 세상 주관자들과 하늘에 있는 악한 영으로부터 지켜 보호하여 주시옵소서!

내가 이 시간 나사렛 예수의 이름으로 ○○○의 조상들과 하나님이 가장 미워하시는 우상과 미신을 섬겼던 죄와 조상이 우상과 맺었던 모든 계약과 약속을 취소한다. 그리고 그 우상을 섬기고 미신을 섬겼던 불순종으로 생긴 저주의 뿌리, 그 저주의 뿌리로 인한 죽음의 영, 자살의 영, 저주의 두려움의 영은 떠나갈지어다. 저주의 병인 피부병과 피부병을 통해 항문에 치질을 가져다주고 항문을 가렵게 하고 불쾌감을 주는 더러운 치질의 근본 뿌리와 더러운 귀신을 십자가 보혈의 능력의 끈과 성령의 능력의 끈으로 묶어서 나사렛 예수의 이름으로 주님 발 앞에 던집니다. 주님 받아주셔서 저 지옥 불로 던져주시옵소서!

성령님, 감사합니다. 치질의 근본 뿌리와 더러운 귀신이 떠나간 그 자리를 예수 그리스도의 보혈과 성령의 권능과 하나님 말씀으로 채워주시니 감사합니다. 내가 이 시간 나사렛 예수의 이름으로 ○○○의 머리끝부터 발끝까지 또한 생각, 마음, 지식, 감정, 의지와 기억과 항문에서 치질로 묶고 있던 저주의 영과 더러운 귀신이 떠난 그 자리를 예수 그리스도의 보혈과 성령의 권능과 하나님 말씀으로 물샐틈없이 차단하며 선포한다. 하나님이 사랑하는 ○○○에게 다시는 치질로 인한 저주는 들어가지 못할지어다.

"그가 찔림은 우리의 허물 때문이요 그가 상함은 우리의 죄악 때문이라 그가 징계를 받으므로 우리는 평화를 누리고 그가 채찍에 맞으므로 우리는 나음을 받았도다."(사 53:5) 말씀대로 다 이루어졌음을 믿음으로 선포합니다. 예수님의 이름으로 기도합니다. 아멘!

12. 심장병, 협심증(관상동맥 스텐트 시술)

경심증은 가슴이 두근거리고 정서가 불안해지며, 불면증, 식은땀 등의 증상을 유발하는 심장병의 한 종류이다. 보통 신경이 쇠약해졌을 때 나타난다. 체력이 떨어지며 혈액 순환장애가 나타나기도 한다. (개역개정 성경에서는 경심증을 정신병으로 표기하고 있다.)

여호와께서 또 너를 미침과 눈멂과 경심증으로 치시리니

(신 28:28, 개역한글)

성령님 인정하고, 환영하고, 모셔드리고, 의지하며 초청하오니 바람같이, 구름같이, 불같이, 생수같이 지금 이 자리에 오셔서 우리의 기도를 들어주시고, 우리를 대신하여 간구하여 주시고, 우리 위에 성령으로 기름 부으소서! 오늘 이 시간 성령님과 함께 기도하는 ○○○의 가정과 가족들, 만나는 사람과 거하는 처소 또한 이 가정을 위해 기도하는 나(주의 종)와 가정과 섬기는 교회와 성도들, 만나는 사람들과 거하는 처소를 십자가 보혈과 성령의 권능과 하나님 말씀으로 덮습니다. 이 시간, 정사와 권세와 어둠의 세상 주관자들과 하늘에 있는 악한 영으로부터 지켜 보호하여 주시옵소서!

내가 이 시간 나사렛 예수의 이름으로 ○○○의 조상들과 하나님이 가장 미워하시는 우상과 미신을 섬겼던 죄와 조상이 우상과 맺었던 모든 계약과 약속을 취소한다. 그리고 그 우상을 섬기고 미신을 섬겼던 불순종으로 생긴 저주의 뿌리, 그 저주의 뿌리로 인한 죽음의 영, 자살의 영, 저주의 영, 두려움의 영은 떠나갈지어다. 저주의 병인 심장병과 그 심장병으로 인해 심장을 쪼이게 하고, 두근거리고 불안하게 하며, 초조함과 불면증, 신경쇠약 증세를 가져다주는 심장병의 근본 뿌리와 더러운 귀신을 ○○○의 심장에서 십자가 보혈의 능력의 끈과 성령의 능력의 끈으로 묶어서 나사렛 예수의 이름으로 주님 발 앞에 던집니다. 주님 받아주셔서 저 지옥 불로 던져주시옵소서!

성령님, 감사합니다. 이 시간 나사렛 예수의 이름으로 ○○○를 머리 끝부터 발끝까지 또한 생각, 마음, 지식, 감정, 의지와 기억을 차지하고 심장병으로 묶고 있던 저주의 영과 더러운 귀신이 떠난 그 자리를 예수 그리스도의 보혈과 성령의 권능과 하나님 말씀으로 물샐틈없이 차단하며 선포한다. 하나님이 사랑하는 ○○○에게 다시는 심장병으로 인한 저주는 들어가지 못할지어다.

"그가 찔림은 우리의 허물 때문이요 그가 상함은 우리의 죄악 때문이라 그가 징계를 받으므로 우리는 평화를 누리고 그가 채찍에 맞으므로 우리는 나음을 받았도다."(사 53:5) 말씀대로 다 이루어졌음을 믿음으로 선포합니다. 예수님의 이름으로 기도합니다. 아멘!

13. 자살

> 자살은 하나님이 내리는 병이라고 성경에 기록되어 있다. 이 역시 기도 외에는 방법이 없다.
>
> 네 생명이 위험에 처하고 주야로 두려워하며 네 생명을 확신할 수 없을 것이라 (신 28:66)

성령님 인정하고, 환영하고, 모셔드리고, 의지하며 초청하오니 바람같이, 구름같이, 불같이, 생수같이 지금 이 자리에 오셔서 우리의 기도를 들어주시고, 우리를 대신하여 간구하여 주시고, 우리 위에 성령으로 기름 부으소서! 오늘 이 시간 성령님과 함께 기도하는 ○○○의 가정과 가족들, 만나는 사람과 거하는 처소 또한 이 가정을 위해 기도하는 나(주의 종)와 가정과 섬기는 교회와 성도들, 만나는 사람들과 거하는 처소를 십자가 보혈과 성령의 권능과 하나님 말씀으로 덮습니다. 이 시간, 정사와 권세와 어둠의 세상 주관자들과 하늘에 있는 악한 영으로부터 지켜 보호하여 주시옵소서!

성경은 조상들이 우상과 미신을 섬겼던 불순종의 저주로 인하여 "네 생명이 의심나는 곳에 달린 것 같아서 주야로 두려워하며 네 생명을 확신할 수 없을 것이라" 했습니다. 지금 ○○○의 생각, 마음, 지식, 감정, 의지와 기억과 말초신경까지 지배하고 통치하고 다스리며 죽음과 자살과 두려움과 불안과 공포와 수치심과 죄책감과 미움과 증오심을 가져다 줘서 죽음과 자살의 생각을 집어넣는 악하고 더러운 귀신아, 지금 ○○ ○에게서 떠나갈지어다. 내가 이 시간 나사렛 예수의 이름으로 ○○○의 조상과 우상이 맺었던 언약을 취소하며 십자가 보혈의 능력과 성령의 능력의 끈으로 묶어서 주님 발 앞에 던집니다. 주님 받아주셔서 저 지옥 불로 던져주시옵소서!

성령님, 감사합니다. 그 빈자리를 십자가 보혈과 성령의 권능과 하나님의 말씀으로 채워주시니 감사합니다. 내가 이 시간 나사렛 예수의 이름으로 명하노니 ○○○에게서 떠난 죽음과 자살과 두려움과 불안과 공포와 수치심과 죄책감과 미움과 증오심을 가져다줘서 죽음과 자살의 생각을 집어넣는 악하고 더러운 귀신아 다시는 들어가지 못할지어다!

"그가 찔림은 우리의 허물 때문이요 그가 상함은 우리의 죄악 때문이라 그가 징계를 받으므로 우리는 평화를 누리고 그가 채찍에 맞으므로 우리는 나음을 받았도다."(사 53:5) 말씀대로 다 이루어졌음을 믿음으로 선포합니다. 예수님의 이름으로 기도합니다. 아멘!

14. 우울증, 불면증

우울증과 불면증은 밀접한 관계가 있다. 또한, 불면증은 중풍과 혼수상태에 빠졌던 사람에게 우울증과 함께 오는 경우를 종종 본다. 우울증과 불면증의 치료를 위해서는 처음부터 우울증과 불면증의 뿌리를 정확하게 찾아내는 것이 중요하다.

> 너희가 일찍이 일어나고 늦게 누우며 수고의 떡을 먹음이 헛되도다 그러므로 여호와께서 그의 사랑하시는 자에게는 잠을 주시는도다 (시 127:2)

> 네 마음의 두려움과 눈이 보는 것으로 말미암아 아침에는 이르기를 아하 저녁이 되었으면 좋겠다 할 것이요 저녁에는 이르기를 아하 아침이 되었으면 좋겠다 하리라 (신 28:67)

성령님 인정하고, 환영하고, 모셔드리고, 의지하며 초청하오니 바람같이, 구름같이, 불같이, 생수같이 지금 이 자리에 오셔서 우리의 기도를 들어주시고, 우리를 대신하여 간구하여 주시고, 우리 위에 성령으로 기름 부으소서! 오늘 이 시간 성령님과 함께 기도하는 ○○○의 가정과 가족들, 만나는 사람과 거하는 처소 또한 이 가정을 위해 기도하는 나(주의 종)와 가정과 섬기는 교회와 성도들, 만나는 사람들과 거하는 처소를 십자가 보혈과 성령의 권능과 하나님 말씀으로 덮습니다. 이 시간, 정사와 권세와 어둠의 세상 주관자들과 하늘에 있는 악한 영으로부터 지켜 보호하여 주시옵소서!

성경은 "여호와께서 그 사랑하시는 자에게는 잠을 주시는도다"고 했습니다. 그러나 우울증과 불면증에 대해서 말씀하시기를 조상들이 우상을 섬겼던 불순종의 저주로 인하여 우울증과 생기는 것이라고 하셨습니다. 그러므로 이 시간 ○○○의 생각, 마음, 지식, 감정, 의지와 기억과 말초신경까지 지배하고 통치하고 다스리며 죽음과 자살과 두려움과 불안과 공포와 수치심, 죄책감, 미움과 증오심을 가져다줘서 불면증과 우울한 생각을 집어넣는 악하고 더러운 귀신을 꾸짖고 명령한다. 이 시간 ○○○에게서 떠나갈지어다.

내가 이 시간 나사렛 예수의 이름으로 ○○○의 조상과 우상이 맺었던 언약을 취소하며 십자가 보혈의 능력과 성령의 능력의 끈으로 ○○○의 생각과 감정 속에 불면증과 우울증을 가져다준 악한 영은 떠나갈지어다. ○○○의 뇌 신경 가운데 시상하부에서 생성되는 감각전달물질인 세로토닌의 생성을 감소 시켜 불면증을 가져다주고, 편도체에서 생성되는 도파민을 감소 시켜 우울증을 가져다주는 악한 영을 묶어서 주님 발 앞에 던집니다. 주님 받아주셔서 저 지옥 불로 던져주시옵소서!

성령님, 감사합니다. 그 빈자리를 십자가 보혈과 성령의 권능과 하나님의 말씀으로 채워주시니 감사합니다. 내가 이 시간 나사렛 예수의 이름으로 명하노니 ○○○에게서 떠난 죽음과 자살과 두려움과 불안과 공포와 수치심 죄책감과 미움과 증오심으로 불면증과 우울한 생각을 집어넣고 끊임없이 죽음과 자살을 생각하게 하는 악하고 더러운 귀신아 다시는 들어가지 못할지어다!

"그가 찔림은 우리의 허물 때문이요 그가 상함은 우리의 죄악 때문이라 그가 징계를 받으므로 우리는 평화를 누리고 그가 채찍에 맞으므로 우리는 나음을 받았도다."(사 53:5) 말씀대로 다 이루어졌음을 믿음으로 선포합니다. 예수님의 이름으로 기도합니다. 아멘!

15. 가위눌림, 악몽

성령님을 인정하고, 환영하고 모셔드리고 의지하여 초청하오니 바람 같이, 구름같이, 불같이, 생수같이 지금 이 자리에 오셔서 우리의 기도를 들어주시고, 우리를 대신하여 간구하여 주시고, 우리 위에 성령으로 기름 부으소서! 오늘 이 시간 성령님과 함께 기도하는 ○○○의 가정과 가족들, 만나는 사람과 거하는 처소 또한 이 가정을 위해 기도하는 나(주의 종)와 가정과 섬기는 교회와 성도들, 만나는 사람들과 거하는 처소를 십자가 보혈과 성령의 권능과 하나님 말씀으로 덮습니다. 이 시간, 정사와 권세와 어둠의 세상 주관자들과 하늘에 있는 악한 영으로부터 지켜 보호하여 주시옵소서!

성령님 이 시간 어머니 뱃속에 들어가기 전부터 조상들이 우상과 미신을 섬겼던 불순종의 저주로 인하여 ○○○의 생각, 마음, 지식, 감정, 의지와 기억에 들어가 지금까지 밤이면 하나님이 사랑하는 자에게 주시는 잠을 방해하여 깊은 잠, 단잠, 평안한 잠을 방해하며 항상 마음에 죽음과 자살과 저주와 두려움과 불안과 공포를 줘서 ○○○의 심령을 괴롭히고, 악몽과 가위눌림을 가져다주는 더러운 귀신은 떠나갈지어다. 또한 시상하부에 들어가 세로토닌의 생성을 비정상적으로 만들어 잠을 방해하는 악한 영을 십자가 보혈의 능력의 끈과 성령의 능력의 끈으로 묶어서 주님 발 앞에 던집니다! 주님, 받아주시고 ○○○의 두려움과 불안과 공포를 성령님과의 교제를 통해 평안한 마음으로 바꿔주시옵소서!

성령님, 감사합니다. 악한 영과 더러운 귀신이 떠나간 그 자리에 십자가 보혈과 성령의 권능과 하나님 말씀으로 채워주시니 감사합니다. 내가 이 시간 나사렛 예수의 이름으로 ○○○에게 항상 악몽과 가위눌림을 줘서 마음에 죽음과 자살, 저주와 두려움과 불안과 공포로 ○○○의 심령을 괴롭혀오던 악한 영과 더러운 귀신이 떠나간 그 자리를 십자가 보혈과 성령의 권능과 하나님 말씀으로 차단하며 선포하노니 지금까지 ○○○를 악몽과 가위눌림으로 괴롭히던 더럽고 악한 귀신은 다시는 들어가지 못할지어다.

"그가 찔림은 우리의 허물 때문이요 그가 상함은 우리의 죄악 때문이라 그가 징계를 받으므로 우리는 평화를 누리고 그가 채찍에 맞으므로 우리는 나음을 받았도다."(사 53:5) 말씀대로 다 이루어졌음을 믿음으로 선포합니다. 예수님의 이름으로 기도합니다. 아멘!

16. 황반변성

황반변성의 경우는 특별한 기도가 필요한 케이스로, 한의학에서 사용하는 혈 자리를 누르는 동시에 기도를 병행한다. 보통 발가락의 둘째, 셋째 발가락과 발바닥의 몸체와 만나는 자리를 눈의 혈 자리라 한다. 그 자리를 지압봉 등을 이용해서 1회에 2분 정도씩을 누르며 기도하라. 처음엔 상당히 아프겠지만 시간이 지나면서 점차 통증이 사라지는 것을 느낄 것이다. 백내장과 녹내장을 위해 기도할 때도 같은 방법을 사용하면 좋은 결과를 얻을 수 있다.

성령님 인정하고, 환영하고, 모셔드리고, 의지하며 초청하오니 바람같이, 구름같이, 불같이, 생수같이 지금 이 자리에 오셔서 우리의 기도를 들어주시고, 우리를 대신하여 간구하여 주시고, 우리 위에 성령으로 기름 부으소서!

특별히 ○○○의 눈에 황반변성으로 인해 실명 위기를 가져다주고 망막의 황반부를 공격하여 시력을 빼앗아가고 눈이 건조하여 불편하게 만들고 안압이 높아지게 하는 악한 영들과 더러운 병마를 이 시간 십자가 보혈의 능력의 끈과 성령의 능력의 끈으로 묶어서 예수님의 이름으로 주님 발 앞에 던집니다! 주님 받아주시고 저 지옥 불로 던져주시옵소서!

예수님, 감사합니다. 망막의 황반부를 공격하여 눈에 시력을 빼앗아가고 눈이 건조하여 불편하게 만들고 안압이 높아지게 하는 악한 영들과 더러운 병마들이 떠나간 빈자리를 십자가 보혈과 성령의 능력과 하나님의 말씀으로 채워주시니 감사합니다. 이 시간 나사렛 예수의 이름을 의지하고 십자가 보혈과 성령의 능력과 하나님의 말씀으로 차단하며 선포한다. 하나님의 사람 ○○○를 다시는 괴롭히지 못할지어다! 황반변성이라는 이름 자체가 이 시간 이후로 ○○○에게서 흔적조차 없이 다 사라질지어다. 다시는 들어가지 못할지어다! 예수님, 황반변성으로부터 자유롭게 하시고 치료해 주심을 감사합니다.

"그가 찔림은 우리의 허물 때문이요 그가 상함은 우리의 죄악 때문이라 그가 징계를 받으므로 우리는 평화를 누리고 그가 채찍에 맞으므로 우리는 나음을 받았도다."(사 53:5) 말씀대로 다 이루어졌음을 믿음으로 선포합니다. 예수님의 이름으로 기도합니다. 아멘!

17. 백혈병

성령님 인정하고, 환영하고, 모셔드리고, 의지하며 초청하오니 바람같이, 구름같이, 불같이, 생수같이 지금 이 자리에 오셔서 우리의 기도를 들어주시고, 우리를 대신하여 간구하여 주시고, 우리 위에 성령으로 기름 부으소서! 오늘 이 시간 성령님과 함께 기도하는 ○○○의 가정과 가족들, 만나는 사람과 거하는 처소 또한 이 가정을 위해 기도하는 나(주의 종)와 가정과 섬기는 교회와 성도들, 만나는 사람들과 거하는 처소를 십자가 보혈과 성령의 권능과 하나님 말씀으로 덮습니다. 이 시간, 정사와 권세와 어둠의 세상 주관자들과 하늘에 있는 악한 영으로부터 지켜 보호하여 주시옵소서!

내가 이 시간 나사렛 예수의 이름으로 ○○○의 조상들과 하나님이 가장 미워하시는 우상과 미신을 섬겼던 죄와 조상이 우상과 맺었던 모든 계약과 약속을 취소한다. 그리고 그 우상을 섬기고 미신을 섬겼던 불순종으로 생긴 저주의 뿌리, 그 저주의 뿌리로 인한 저주의 병으로 혈관과 골수에 암세포를 넣어서 백혈병을 가져다 주고 죽음, 자살, 저주와 두려움의 영과 악한 영들로 인해 두려움에 떨게 하는 악하고 더러운 혈액암은 이 시간 ○○○의 혈소판에서 활동을 중단하고 물러갈지어다. 이 시간 ○○○의 혈소판과 혈관과 골수 속에 혈액암으로 들어가 백혈병을 가져다주는 더러운 병마를 십자가 보혈의 능력의 끈과 성령의 능력의 끈으로 묶어서 주님 발 앞에 던집니다! 주님 받아주시고 저 지옥 불로 던져주시옵소서!

성령님, 감사합니다. 이 시간 ○○○의 혈소판과 혈관과 골수 속에서 혈액암 종양이 떠나간 그 자리를 십자가 보혈과 성령의 능력과 하나님 말씀으로 채워주시니 감사합니다. 내가 이 시간 나사렛 이름으로 명하며 선포하노니 ○○○의 혈소판과 혈관과 골수 속에 혈액암으로 들어가 백혈병을 가져다줬던 더러운 암 덩어리와 암세포는 다시는 들어가지 못할지어다. 이 시간 이후로는 ○○○의 육신에서 흔적조차 없이 사라질지어다.

"그가 찔림은 우리의 허물 때문이요 그가 상함은 우리의 죄악 때문이라 그가 징계를 받으므로 우리는 평화를 누리고 그가 채찍에 맞으므로 우리는 나음을 받았도다."(사 53:5) 말씀대로 다 이루어졌음을 믿음으로 선포합니다. 예수님의 이름으로 기도합니다. 아멘!

18 신경모세포종

모세혈관에 악성 종양이 생겨 혈소판이 깨지고, 헤모글로빈의 수치가 낮아지고, 심장 수치가 극도로 높아지며 면역력 수치가 떨어져 콩팥의 기능이 다 망가지는 병이다. 먹는 약과 주사를 동반한 다양한 치료를 해봐도 혈압조차 쉽게 잡히지 않는 불치의 병이다. 이 병은 혈소판의 문제가 생겨 발병하는 병이기 때문에 백혈병(혈액암)과 기도의 패턴이 비슷하다.

성령님 인정하고, 환영하고, 모셔드리고, 의지하며 초청하오니 바람같이, 구름같이, 불같이, 생수같이 지금 이 자리에 오셔서 우리의 기도를 들어주시고, 우리를 대신하여 간구하여 주시고, 우리 위에 성령으로 기름 부으소서! 오늘 이 시간 성령님과 함께 기도하는 ○○○의 가정과 가족들, 만나는 사람과 거하는 처소 또한 이 가정을 위해 기도하는 나(주의 종)와 가정과 섬기는 교회와 성도들, 만나는 사람들과 거하는 처소를 십자가 보혈과 성령의 권능과 하나님 말씀으로 덮습니다. 이 시간, 정사와 권세와 어둠의 세상 주관자들과 하늘에 있는 악한 영으로부터 지켜 보호하여 주시옵소서!

내가 이 시간 나사렛 예수의 이름으로 ○○○의 조상들과 하나님이 가장 미워하시는 우상과 미신을 섬겼던 죄와 조상이 우상과 맺었던 모든 계약과 약속을 취소한다. 그리고 그 우상을 섬기고 미신을 섬겼던 불순종으로 생긴 저주의 뿌리, 그 저주의 뿌리로 인한 저주의 병으로 혈소판에 있는 미세혈관 속에 암세포를 넣어서 신경모세포종이라는 악성종양을 가져다준 악하고 더러운 암 덩어리와 암세포는 이 시간 ○○○의 혈소판 안에 있는 미세혈관 속에서 활동을 중단하고 물러갈지어다. 죽음, 자살, 저주와 두려움의 악한 영도 떠나갈지어다. 이 시간 ○○○의 혈소판과 미세혈관에 악성 종양을 가져다주는 더러운 병마를 십자가 보혈의 능력의 끈과 성령의 능력의 끈으로 묶어서 주님 발 앞에 던집니다! 주님 받아주시고 저 지옥 불로 던져주시옵소서!

성령님, 감사합니다. 이 시간 ○○○의 혈소판과 미세혈관 속에서 암 덩어리와 악성 종양이 떠나간 그 자리를 십자가 보혈과 성령의 능력과 하나님 말씀으로 채워주시니 감사합니다. 내가 이 시간 나사렛 이름으로 명하며 선포하노니 ○○○의 혈소판과 미세혈관 속에 악성 종양으로 들어가 신경모세포종을 가져다 줬던 더러운 악성 종양과 암세포는 다시는 들어가지 못할지어다. 이 시간 이후로는 ○○○의 혈소판과 미세혈관 속에서 흔적조차 없이 사라질지어다. 그리고 뇌 신경 속의 간뇌에 성령님 들어가셔서 예민하고 스트레스 많이 받는 성품을 바다와 같이 넓은 마음으로 바꿔주시옵소서.

"그가 찔림은 우리의 허물 때문이요 그가 상함은 우리의 죄악 때문이라 그가 징계를 받으므로 우리는 평화를 누리고 그가 채찍에 맞으므로 우리는 나음을 받았도다."(사 53:5) 말씀대로 다 이루어졌음을 믿음으로 선포합니다. 예수님의 이름으로 기도합니다. 아멘!

19. 쇼그렌 증후군(Sjogren's syndrome), 자가면역질환

> '쇼그렌 증후군'은 원인을 알 수 없이 타액선, 눈물샘 등에 만성 염증이 생겨 입과 눈을 비롯해 온몸이 구석구석 참을 수 없이 건조해지는 자가 면역질환으로 요즘 급증하고 있다. 이 병은 기도하다 보면 축사기도를 해야 할 경우가 생기므로 항상 집중해서 기도해야 한다.

성령님 인정하고, 환영하고, 모셔드리고, 의지하며 초청하오니 바람 같이, 구름같이, 불같이, 생수같이 지금 이 자리에 오셔서 우리의 기도를 들어주시고, 우리를 대신하여 간구하여 주시고, 우리 위에 성령으로 기름 부으소서! 오늘 이 시간 성령님과 함께 기도하는 ○○○의 가정과 가족들, 만나는 사람과 거하는 처소 또한 이 가정을 위해 기도하는 나(주의 종)와 가정과 섬기는 교회와 성도들, 만나는 사람들과 거하는 처소를 십자가 보혈과 성령의 권능과 하나님 말씀으로 덮습니다. 이 시간, 정사와 권세와 어둠의 세상 주관자들과 하늘에 있는 악한 영으로부터 지켜 보호하여 주시옵소서!

내가 이 시간 나사렛 예수의 이름으로 ○○○의 조상들과 하나님이 가장 미워하시는 우상과 미신을 섬겼던 죄와 조상이 우상과 맺었던 모든 계약과 약속을 취소한다. 그리고 그 우상을 섬기고 미신을 섬겼던 불순종으로 생긴 저주의 뿌리, 그 저주의 뿌리로 인한 저주의 병으로 타액선, 눈물샘, 땀샘, 질샘 등에 림프구가 침입해 만성 염증이 생겨 분비 장애를 일으켜 입이 마르고 눈이 건조해지는 증상을 보이는 자가면역성 전신 질환은 떠나갈지어다! 죽음, 자살, 저주와 두려움의 영과 악하고 더러운 쇼그렌 증후군은 이 시간 ㅇㅇㅇ의 타액선, 눈물샘과 땀샘, 질샘과 안구에서 자가면역성 활동을 중단하고 물러갈지어다. 이 시간 ㅇㅇㅇ의 타액선, 눈물샘, 땀샘, 질샘 등에 림프구가 침입해 만성 염증이 생겨 분비 장애를 일으켜 입이 마르고 눈이 건조해지는 증상을 주는 더러운 병마를 십자가 보혈의 능력의 끈과 성령의 능력의 끈으로 묶어서 주님 발 앞에 던집니다! 주님 받아주시고 저 지옥 불로 던져주시옵소서!

성령님, 감사합니다. 이 시간 더러운 병마가 떠나간 그 자리를 십자가 보혈과 성령의 능력과 하나님 말씀으로 채워주시니 감사합니다. 내가 이 시간 나사렛 이름으로 명하며 선포하노니 ㅇㅇㅇ의 타액선, 눈물샘, 땀샘, 질샘 등에 분비 장애를 일으켜 자가면역성 전신 질환을 가져다주는 쇼그렌 증후군이라는 악하고 더러운 병마야! 다시는 들어가지 못할지어다. 이 시간 이후로는 ㅇㅇㅇ의 육신에서 흔적조차 없이 사라질지어다.

"그가 찔림은 우리의 허물 때문이요 그가 상함은 우리의 죄악 때문이라 그가 징계를 받으므로 우리는 평화를 누리고 그가 채찍에 맞으므로 우리는 나음을 받았도다."(사 53:5) 말씀대로 다 이루어졌음을 믿음으로 선포합니다. 예수님의 이름으로 기도합니다. 아멘!

20. 루푸스, 자가면역질환

'루푸스'는 피부, 관절, 혈액세포와 특히 신장, 심장, 폐와 같은 내부 장기에 염증이 발생하는 만성자가면역질환으로 병의 원인을 알지 못한다. 기도해주었던 환자 모두 악한 영을 내쫓아주는 기도를 할 때 치유가 나타났는데, 강한 축사가 일어날 때도 있지만 겉으로 드러나지 않는 축사로 완치가 된 경우도 있었다. 이 점을 유의하고 사역자는 환자의 반응에 집중하며 기도해야 한다.

성령님 인정하고, 환영하고, 모셔드리고, 의지하며 초청하오니 바람같이, 구름같이, 불같이, 생수같이 지금 이 자리에 오셔서 우리의 기도를 들어주시고, 우리를 대신하여 간구하여 주시고, 우리 위에 성령으로 기름 부으소서! 오늘 이 시간 성령님과 함께 기도하는 ○○○의 가정과 가족들, 만나는 사람과 거하는 처소 또한 이 가정을 위해 기도하는 나(주의 종)와 가정과 섬기는 교회와 성도들, 만나는 사람들과 거하는 처소를 십자가 보혈과 성령의 권능과 하나님 말씀으로 덮습니다. 이 시간, 정사와 권세와 어둠의 세상 주관자들과 하늘에 있는 악한 영으로부터 지켜 보호하여 주시옵소서!

내가 이 시간 나사렛 예수의 이름으로 ○○○의 조상들과 하나님이 가장 미워하시는 우상과 미신을 섬겼던 죄와 조상이 우상과 맺었던 모든 계약과 약속을 취소한다. 그리고 그 우상을 섬기고 미신을 섬겼던 불순종으로 생긴 저주의 뿌리, 그 저주의 뿌리로 인한 저주의 병인 루푸스라는 자가면역성 전신 질환을 주어서 피부, 관절, 혈액세포와 특히 신장, 심장, 폐와 같은 내부 장기에 고통을 주므로 죽음, 자살, 저주와 두려움의 영과 악한 영들로 인해 두려움에 떨게 하는 악하고 더러운 루푸스병은 이 시간 ○○○에게서 활동을 중단하고 물러갈지어다. 이 시간 ○○○의 전신에 자가면역성 전신 질환을 가져다주어서 피부, 관절, 혈액세포와 특히 신장, 심장, 폐와 같은 내부 장기에 고통을 주므로 죽음, 자살, 저주와 두려움의 영들로 인해 두려움에 떨게 하는 악하고 더러운 루푸스병의 뿌리까지 십자가 보혈의 능력의 끈과 성령의 능력의 끈으로 묶어서 주님 발 앞에 던집니다! 주님 받아주시고 저 지옥 불로 던져주시옵소서!

성령님, 감사합니다. 이 시간 ○○○의 피부, 관절, 혈액세포와 특히 신장, 심장, 폐와 같은 내부 장기에 고통을 주는 더러운 병마가 떠나간 그 자리를 십자가 보혈과 성령의 능력과 하나님 말씀으로 채워주시니 감사합니다. 내가 이 시간 나사렛 이름으로 명하며 선포하노니 ○○○의 피부, 관절, 혈액세포와 특히 신장, 심장, 폐와 같은 내부 장기에 고통을 주므로 죽음, 자살, 저주와 두려움의 영들로 인해 두려움에 떨게 하는 자가면역성 전신 질환을 가져다주는 루푸스라는 악하고 더러운 병마야! 다시는 들어가지 못할지어다. 이 시간 이후로는 ○○○의 육신에서 흔적조차 없이 사라질지어다.

"그가 찔림은 우리의 허물 때문이요 그가 상함은 우리의 죄악 때문이라 그가 징계를 받으므로 우리는 평화를 누리고 그가 채찍에 맞으므로 우리는 나음을 받았도다."(사 53:5) 말씀대로 다 이루어졌음을 믿음으로 선포합니다. 예수님의 이름으로 기도합니다. 아멘!

21. 3차신경통

> '3차신경통' 환자는 처음에 치통인 줄 아는 경우가 대부분이다. 수술이 가능하지만 완치는 어렵다. '자살을 저절로 생각하게 하는 병'이라고 불릴 정도로 고통이 극심하기 때문에 많은 환자가 절망에 빠진다. 안구분지(이마부터 눈 위), 상악분지(눈 아래부터 치아 위), 하악분지(아래턱) 이 세 가지 분지 중 한 영역에 마치 송곳이나 칼에 찔리는 듯한 극심한 통증을 느낀다.

성령님 인정하고, 환영하고 모셔드리고 의지하며 초청하오니 바람같이, 구름같이, 불같이, 생수같이 이 시간 ○○○에게 오셔서 성령님과의 인격적인 만남을 허락하여 주시옵소서! 그리고 ○○○와 ○○○에게 속한 모든 가족, 만나는 모든 사람, 거하는 처소, 모든 소유물 위에 십자가 보혈로 바르시고 성령의 능력으로 기름 부으셔서 어둡고 악한 영들과 저주와 사탄의 공격으로부터 보호하여 주시고 3차신경통을 통해 죽음을 생각하게 하는 고통으로부터 건져주시옵소서!

성령님 이 시간 ○○○에게 임하셔서, ○○○의 조상들이 우상과 미신을 섬겼던 불순종의 저주로 생긴 지주의 뿌리와 그 저주의 병인 3차신경과 상악신경과 하악신경, 측두엽과 관자엽에 3차신경통을 가져다주고, 뇌 신경과 혈관에 문제를 가져다준 모든 병마와 변연계 안의 해마 속 화와 분노와 미움과 증오심과 용서하지 못하는 마음과 기억하지 않아도 될 상처와 쓴 뿌리로 생긴 정신적인 스트레스의 모든 원인을 떠나게 해주옵소서. 조상이 우상과 맺었던 계약과 약속을 취소하며, 우상과 미신을 많이 섬겼던 죄와 허물로 인한 저주의 뿌리와 그 저주의 병인 3차신경에 통증을 유발하므로 생긴 3차신경통으로 인한 통증과 그 통증으로 인한 죽음과 자살의 영, 두려움과 불안과 염려의 영을 성령의 검으로 잘라내고 성령으로 다 태우고, 십자가 보혈로 다 씻어서 보혈과 성령의 능력의 끈으로 통째로 묶어 예수님 발 앞에 던집니다. 주님 받아주시고 저지옥 불로 던져주시옵소서.

성령님, 감사합니다. 이 시간 십자가 보혈과 성령과 말씀으로 ○○○의 3차신경과 상악신경과 하악신경과 측두엽과 관자엽에서 3차신경통과 그 통증이 떠나간 그 자리를 채워주시니 감사합니다. 내가 이 시간 나사렛 예수의 이름으로 대적하며 명하노니 ○○○에게서 떠나간 3차신경에 통증을 유발하므로 생긴 3차신경통으로 인한 통증과 그 통증으로 인한 죽음과 자살의 영, 두려움과 불안과 염려의 영들은 다시는 ○○○를 괴롭히지 못할지어다. ○○○는 하나님의 사람이다. 너희와 아무런 상관이 없다. 다시는 ○○○에게 들어가지 못할지어다.

"그가 찔림은 우리의 허물 때문이요 그가 상함은 우리의 죄악 때문이라 그가 징계를 받으므로 우리는 평화를 누리고 그가 채찍에 맞으므로 우리는 나음을 받았도다."(사 53:5) 말씀대로 다 이루어졌음을 믿음으로 선포합니다. 예수님 이름으로 기도합니다. 아멘!

22. 성조숙증

 성령님 인정하고, 환영하고, 모셔드리고, 의지하며 초청하오니 바람같이, 구름같이, 불같이, 생수같이 지금 이 자리에 오셔서 우리의 기도를 들어주시고, 우리를 대신하여 간구하여 주시고, 우리 위에 성령으로 기름 부으소서! 오늘 이 시간 성령님과 함께 기도하는 ○○○의 가정, 만나는 사람과 거하는 처소 또한 이 가정을 위해 기도하는 나(주의 종)와 가정과 섬기는 교회와 성도들, 만나는 사람들과 거하는 처소를 십자가 보혈과 성령의 권능과 하나님 말씀으로 덮습니다. 이 시간, 정사와 권세와 어둠의 세상 주관자들과 하늘에 있는 악한 영으로부터 지켜 보호하여 주시옵소서!
 내가 이 시간 나사렛 예수의 이름으로 ○○○의 조상들이 하나님이 가장 미워하시는 우상과 미신을 섬겼던 죄와 조상이 우상과 맺었던 모든 계약과 약속을 취소한다. 우상을 섬기고 미신을 섬겼던 불순종으로 생긴 저주의 뿌리, 그 저주의 뿌리로 인한 저주의 병으로 뇌하수체에서 분비되는 성선자극호르몬의 농도가 높아 성선호르몬(에스트로겐, 테스토스테론)의 분비를 자극하는 병마는 떠나갈지어다. 뼈 나이를 급속도로 늙게 하는 성조숙증을 가져다주어 두려움에 떨게 하는 악하고 더러운 병마는 이 시간 ○○○의 뇌혈관, 뇌세포, 뇌 신경 가운데서 활동을 중단하고 물러갈지어다.
 이 시간 ○○○의 뇌 신경의 간뇌에 들어가 ○○○의 생각, 마음, 지식, 감정, 의지와 기억을 지배하고 통치하므로 정신적으로 예민하게 하고 극도의 스트레스를 받게 하여 내분비계에 영향을 줘서 성호르몬을 과다 분비되게 하고 선천성 부신과형성증을 유발하게 하는 악하고 더러운 성조숙증 병마를 십자가 보혈의 능력의 끈과 성령의 능력의 끈으로 묶어서 주님 발 앞에 던집니다! 주님 받아주시고 저 지옥 불로 던져주시옵소서!

성령님, 감사합니다. 이 시간 ○○○를 정신적으로 예민하여 극도의 스트레스를 받게 하고 내분비계에 영향을 줘서 성호르몬을 과다 분비되게 하고 선천성 부신과형성증을 유발하게 하여 죽음, 자살, 저주와 두려움과 근심, 걱정, 염려에 떨게 하는 성조숙증의 병마가 떠나간 그 자리를 십자가 보혈과 성령의 능력과 하나님 말씀으로 채워주시니 감사합니다.

내가 이 시간 나사렛 이름으로 명하며 선포하노니 ○○○의 내분비계에 영향을 줘서 성호르몬을 과다 분비되게 하고 선천성 부신과형성증을 유발하여 성조숙증을 가져다주는 더러운 병마는 다시는 ○○○에게 들어가지 못할지어다. ○○○는 하나님의 자녀다. 너희와는 아무런 상관이 없다. ○○○를 다시는 괴롭히지 못할지어다. 이 시간 이후로 ○○○의 몸에서 성조숙증은 흔적조차 없이 사라질지어다. 그리고 ○○○의 성장호르몬이 정상적으로 생성되어 성장판으로부터 ○○○의 키가 ○○○cm까지 정상적으로 성장할지어다. 1mm의 오차도 없이 믿음으로 구하고 간구하는 대로 이루어질지어다. 성령님 그대로 이루어지고 건강하게 하시니 감사합니다.

"그가 찔림은 우리의 허물 때문이요 그가 상함은 우리의 죄악 때문이라 그가 징계를 받으므로 우리는 평화를 누리고 그가 채찍에 맞으므로 우리는 나음을 받았도다."(사 53:5) 말씀대로 다 이루어졌음을 믿음으로 선포합니다. 예수님의 이름으로 기도합니다. 아멘!

23. 이유 없는 졸도(복부의 가스), 백질 연화증, 다발성 경화증

요즘 겉으로는 멀쩡한 것 같은데 어지럽고, 속이 메스껍고, 때로는 심한 통증이 느껴지며 마치 저혈압 혹은 저혈당 같은 증세가 나타나면서 갑자기 의식을 잃고 쓰러지는 젊은 사람들을 제법 많이 볼 수 있다. 환자의 몸에는 틀림없이 병의 증세가 나타나고 본인은 너무나 힘든 상태임에도 병원에서는 원인을 찾아내지 못한다. 이런 경우 환자의 복부에 찬 가스가 문제인 경우가 다수이다. 복부의 가스는 환자가 (스스로 인지하지 못했다 하더라도) 받은 극심한 스트레스가 원인이다. 이 질병들은 기도할 때 먼저 배꼽을 누르며 함께 기도하라. 배꼽과 배꼽에서 가슴 쪽으로 2-5cm 사이에 통증이 있는 곳을 1-2분 정도를 동시에 강하게 누르며 기도하라. 배에서 터져 나오는 기침을 유도하여 복부의 가스를 제거하라.

성령님 인정하고, 환영하고, 모셔드리고, 의지하며 초청하오니 바람같이, 구름같이, 불같이, 생수같이 지금 이 자리에 오셔서 우리의 기도를 들어주시고, 우리를 대신하여 간구하여 주시고, 우리 위에 성령으로 기름 부으소서! 오늘 이 시간 성령님과 함께 기도하는 ○○○의 가정과 가족들, 만나는 사람과 거하는 처소 또한 이 가정을 위해 기도하는 나(주의 종)와 가정과 섬기는 교회와 성도들, 만나는 사람들과 거하는 처소를 십자가 보혈과 성령의 권능과 하나님 말씀으로 덮습니다. 이 시간, 정사와 권세와 어둠의 세상 주관자들과 하늘에 있는 악한 영들에게서 지켜 보호하여 주시옵소서!

내가 이 시간 나사렛 예수의 이름으로 ○○○의 조상들이 하나님이 가장 미워하시는 우상과 미신을 섬겼던 죄와 조상이 우상과 맺었던 모든 계약과 약속을 취소한다. 우상을 섬기고 미신을 섬겼던 불순종으로 생긴 저주의 뿌리, 그 저주의 뿌리로 인해 생각, 마음, 지식, 감정, 의지와 기억 말초신경과 간뇌에 극심한 스트레스와 예민한 성품을 주어서 죽음과 자살 두려움과 불안, 초조, 염려로 복부의 가스를 가져다주는 악하고 더러운 저주와 사탄은 지금 ○○○의 스트레스와 예민한 성품 가운데서 활동을 중단하고 물러갈지어다. 나사렛 예수의 이름으로 대적하며 명한다. ○○○는 하나님의 자녀다. 너희와는 아무런 상관이 없다. 모든 스트레스와 예민한 성품을 자극하는 간뇌, 전두엽, 편도체, 담창구, 시상하부에서 다 사라질지어다.

　내가 이 시간 ○○○의 생각, 마음, 지식, 감정, 의지와 기억 말초신경과 뇌 신경에 있는 간뇌, 전두엽, 편도체, 담창구, 시상하부에 극심한 스트레스와 예민한 성품을 주어서 죽음과 자살 두려움과 불안, 초조, 염려로 복부의 가스를 만들어 혈액순환이 안 되고 오장육부 뇌 신경 뇌세포 뇌혈관 심혈관이 막혀 제 역할을 못 하게 하는 악하고 더러운 저주와 사탄을 십자가 보혈의 능력의 끈과 성령의 능력의 끈으로 묶어서 주님 발 앞에 던집니다. 주님 받아주시고 저 지옥 불로 던져주시옵소서!

　성령님, 감사합니다. 지금 비워진 모든 자리를 십자가 보혈과 성령의 능력과 하나님 말씀으로 채워주시니 감사합니다. 내가 이 시간 ○○○에게 복부의 가스를 만들어 육신의 질병의 원인이 되던 모든 스트레스와 예민함이 떠나간 모든 곳을 십자가의 보혈과 성령의 능력과 하나님 말씀으로 차단하며 선포한다. ○○○에게 스트레스라는 단어조차 다 사라지고 복부의 가스는 생기지 말지어다.

"그가 찔림은 우리의 허물 때문이요 그가 상함은 우리의 죄악 때문이라 그가 징계를 받으므로 우리는 평화를 누리고 그가 채찍에 맞으므로 우리는 나음을 받았도다."(사 53:5) 말씀대로 다 이루어졌음을 믿음으로 선포합니다. 예수님의 이름으로 기도합니다. 아멘!

24. 조막손, 손가락 마비, 손가락 관절염

조막손은 오그라져서 펴지 못하는 것으로, 흔한 병이 아니며 치료도 쉽지 않다. 그런데 한국 집회 중 12세 소녀의 손이 펴진 적이 있다. 55년간 양손의 엄지와 검지 총 네 개의 손가락이 마비되었던 환자도 같은 방법과 기도로 손의 마비가 풀어지며 손가락을 자유롭게 사용하게 되었다. 이를 위해서는 먼저 한의학에서 말하는 혈 자리를 알아야 한다. 이런 경우 목 바로 밑에 양쪽으로 쇄골을 눌러 주어야 한다. 양쪽의 쇄골 안쪽(몸의 중심과 가까운 쪽)을 동시에 충분히 눌러준 뒤 양 쇄골의 바깥쪽(어깨와 가까운 쪽)도 동시에 누르며 기도한다. 그때 손가락 끝부분까지 살짝 전기가 흐르는 듯한 찌릿한 감각이 느껴지기까지 2분 단위로 반복해서 누르며 기도한다. 손가락 끝까지 그 감각을 몇 차례 느꼈으면 몇십 분 후, 혹은 며칠 후에 반드시 효과를 볼 수 있다.

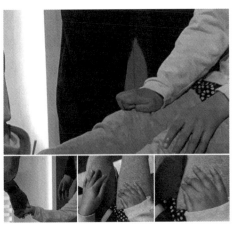

조막손을 앓던 성도의 손이 펴졌다

성령님 인정하고, 환영하고, 모셔드리고, 의지하며 초청하오니 바람같이, 구름같이, 불같이, 생수같이 지금 이 자리에 오셔서 우리의 기도를 들어주시고, 우리를 대신하여 간구하여 주시고, 우리 위에 성령으로 기름 부으소서! 오늘 이 시간 성령님과 함께 기도하는 ○○○의 가정과 가족들, 만나는 사람과 거하는 처소 또한 이 가정을 위해 기도하는 나(주의 종)와 가정과 섬기는 교회와 성도들, 만나는 사람들과 거하는 처소를 십자가 보혈과 성령의 권능과 하나님 말씀으로 덮습니다. 이 시간, 정사와 권세와 어둠의 세상 주관자들과 하늘에 있는 악한 영으로부터 지켜 보호하여 주시옵소서!

내가 이 시간 나사렛 예수의 이름으로 ○○○의 조상들이 하나님이 가장 미워하시는 우상과 미신을 섬겼던 죄와 조상이 우상과 맺었던 모든 계약과 약속을 취소한다. 우상을 섬기고 미신을 섬겼던 불순종으로 생긴 저주의 뿌리, 그 저주의 뿌리로 인해 생각, 마음, 지식, 감정, 의지와 기억 말초신경에 날 때부터 펴지 못하는 조막손을 주어 인생을 힘들게 하고 죽음과 자살, 저주와 두려움, 공포와 불안과 외로움으로 견딜 수 없게 하는 너 악한 영과 더러운 귀신아 나사렛 예수의 이름으로 명한다. ○○○에게서 활동을 중단하고 떠나갈지어다. ○○○는 하나님의 자녀다. 너희와 아무런 상관이 없다.

특별히 ○○○의 손을 조막손으로 만들어 펴지 못하게 묶고 있는 악한 영들과 더러운 귀신을 십자가 보혈의 능력의 끈과 성령의 능력의 끈으로 묶노라. 묶어서 주님 앞에 던집니다. 주님 받아주셔서 저 지옥 불로 던져 주시옵소서! 이 시간 ○○○의 손에 들어가 손을 펴지 못하게 묶고 있던 악한 영들과 더러운 귀신들이 떠나간 자리를 십자가 보혈과 성령의 능력과 하나님 말씀으로 채워주시니 감사합니다. 나사렛 예수의 이름 십자가 보혈과 성령의 능력과 하나님 말씀으로 차단하며 선포하며 명령한다.

ㅇㅇㅇ의 조막손은 펴질지어다! 쭉 펴질지어다! 손에 흐르는 모든 세포 혈관 조직은 살아나고 정상으로 움직일지어다. 조막손은 정상의 손으로 바뀌었음을 선포합니다.

"그가 찔림은 우리의 허물 때문이요 그가 상함은 우리의 죄악 때문이라 그가 징계를 받으므로 우리는 평화를 누리고 그가 채찍에 맞으므로 우리는 나음을 받았도다."(사 53:5) 말씀대로 다 이루어졌음을 믿음으로 선포합니다. 예수님의 이름으로 기도합니다. 아멘!

25. 혀 짧은 언어장애, 비정상적으로 짧은 손가락, 다리 비대칭

이 세 가지 질환의 치유는 불편한 신체 부위를 곧게 한다는 공통점이 있다. 이 기도의 원동력은 '믿음'으로, 치유사역의 근본이 된다. 이 사역을 위해 "믿음은 바라는 것들의 실상이요 보지 못하는 것들의 증거니"(히 11:1)의 말씀을 의지하고, 짧은 혀(혹은 손가락, 틀어진 골반 때문에 짧은 한쪽 다리)가 길어진 모습을 믿음으로 그리고 선포하라. 다리는 기도하자마자 그 자리에서 길어지는 경우가 많지만, 손가락이나 혀는 시간이 필요한 경우가 많다. (뒤틀린 몸'을 위한 기도는 26번 기도문을 참고하라.)

성령님 인정하고, 환영하고, 모셔드리고, 의지하며 초청하오니 바람같이, 구름같이, 불같이, 생수같이 지금 이 자리에 오셔서 우리의 기도를 들어주시고, 우리를 대신하여 간구하여 주시고, 우리 위에 성령으로 기름 부으소서! 오늘 이 시간 성령님과 함께 기도하는 ○○○의 가정과 가족들, 만나는 사람과 거하는 처소 또한 이 가정을 위해 기도하는 나(주의 종)와 가정과 섬기는 교회와 성도들, 만나는 사람들과 거하는 처소를 십자가 보혈과 성령의 권능과 하나님 말씀으로 덮습니다. 이 시간, 정사와 권세와 어둠의 세상 주관자들과 하늘에 있는 악한 영으로부터 지켜 보호하여 주시옵소서!

내가 이 시간 나사렛 예수의 이름으로 ○○○의 조상들이 하나님이 가장 미워하시는 우상과 미신을 섬겼던 죄와 조상이 우상과 맺었던 모든 계약과 약속을 취소한다. 우상을 섬기고 미신을 섬겼던 불순종으로 생긴 저주의 뿌리, 그 저주의 뿌리로 인해 생각, 마음, 지식, 감정, 의지와 기억 말초신경에 날 때부터 짧은 혀(짧은 손가락)로 말을 하지 못하게 해서 인생을 힘들게 하고 죽음과 자살, 저주와 두려움, 공포와 두려움, 불안한 마음과 외로운 마음으로 삶 전체를 흔들어 놓는 혀(손가락)를 묶고 있는 악한 영과 더러운 귀신아! 나사렛 예수의 이름으로 조상과 우상이 맺었던 언약과 약속을 취소하며 명한다. ○○○에게서 활동을 중단하고 혀(손가락)에서 묶음을 놓고 떠나갈지어다. ○○○는 하나님의 자녀다. 너희와 아무런 상관이 없다.

특별히 ○○○의 짧은 혀(손가락)로 육체를 묶고 있는 악한 영들과 더러운 귀신을 십자가 보혈의 능력의 끈과 성령의 능력의 끈으로 묶노라. 묶어서 주님 앞에 던집니다. 받아주셔서 저 지옥 불로 던져주시옵소서! 주님, 이 시간 ○○○의 혀(손가락)에 들어가 짧은 혀(손가락)로 말을 하지 못하도록 묶고 있던 악한 영들과 더러운 귀신들이 떠나간 자리를 십자가 보혈과 성령의 능력과 하나님 말씀으로 채워주시니 감사합니다.

나사렛 예수의 이름과 십자가 보혈과 성령의 능력과 하나님 말씀으로 차단하고 선포하며 명령한다. ○○○의 짧은 혀(짧은 손가락)는 길어질지어다! 쭉 길어질지어다! 혀(짧은 손가락)에 흐르는 모든 세포 혈관 조직은 살아나고 짧은 혀(짧은 손가락)는 정상으로 길어져서 설소대가 풀어지고 말을 하게 될지어다. 짧은 혀(짧은 손가락)가 정상으로 길어졌음을 선포합니다.

"그가 찔림은 우리의 허물 때문이요 그가 상함은 우리의 죄악 때문이라 그가 징계를 받으므로 우리는 평화를 누리고 그가 채찍에 맞으므로 우리는 나음을 받았도다."(사 53:5) 말씀대로 다 이루어졌음을 믿음으로 선포합니다. 예수님의 이름으로 기도합니다. 아멘!

26. 골반 부상, 척추협착증, 날 때부터 뒤틀린 몸, 허리디스크와 목 어깨

> 요추의 탈골과 골반의 뒤틀림으로 허리와 무릎에 통증이 나타나며, 척추의 균형이 맞지 않아서 목과 어깨의 통증을 동반하는 경우가 많다. 주변에서 흔히 볼 수 있는 병이지만 쉽게 치료할 수 없어 대형병원에서조차 수술을 남발하지 말라고 경고한다. 결국 기도 밖에는 방법이 없다. 믿음의 기도로 짧은 다리를 길게 맞추듯이 골반도 목, 어깨, 무릎도 치유되는 병임을 알고 모든 '치유기도의 기본'이라는 자세로 기도할 때 엄청난 치유를 경험하게 될 것이다.

성령님 인정하고, 환영하고, 모셔드리고, 의지하며 초청하오니 바람같이, 구름같이, 불같이, 생수같이 지금 이 자리에 오셔서 ○○○의 틀어진 골반을 제자리로 돌려주시고, 탈골된 요추 2번~5번을 제자리로 맞추어주옵소서! 그리고 짧은 왼쪽(혹은 오른쪽) 다리를 정상으로 길어지게 하여 주시옵소서! 나사렛 예수의 이름으로 명하노니 ○○○의 틀어진 골반은 정상으로 돌아가고, 어긋난 요추 2, 3, 4, 5번은 제 자리로 들어가고, 짧은 왼쪽(오른쪽) 다리는 길어질지어다! 쭉 길어질지어다! 더, 더, 길어질지어다!

성령님, 감사합니다. 틀어진 골반은 정상으로 돌아가고, 어긋난 요추가 제자리로 돌아가고, 짧은 다리가 길어져 두 다리 길이가 같아지게 하시니 감사합니다. 그리고 골반, 요추, 짧은 다리가 정상으로 돌아가며 생긴 공간에 십자가 보혈과 성령의 기름 부으심과 하나님 말씀을 채워주시니 감사합니다. 내가 이 시간 나사렛 예수의 이름으로 ○○○의 골반, 요추, 짧았던 다리를 십자가 보혈과 성령의 기름 부으심과 하나님 말씀으로 완벽하게 차단하며 선포한다. ○○○의 골반, 요추, 짧았던 다리가 지금 정상으로 치료된 그대로 유지될지어다. "그가 찔림은 우리의 허물 때문이요 그가 상함은 우리의 죄악 때문이라 그가 징계를 받으므로 우리는 평화를 누리고 그가 채찍에 맞으므로 우리는 나음을 받았도다."(사 53:5) 말씀대로 ○○○의 척추협착증이 다 치료되었음을 믿음으로 선포하며, 예수님의 이름으로 기도합니다. 아멘!

27. 틱장애, 공황장애

> 다른 질병에 비해 축사가 나타날 확률이 높기 때문에 상황에 대비해야
> 한다.

성령님 인정하고, 환영하고, 모셔드리고, 의지하며 초청하오니 바람
같이, 구름같이, 불같이, 생수같이 지금 이 자리에 오셔서 우리의 기도를
들어주시고, 우리를 대신하여 간구하여 주시고, 우리 위에 성령으로 기
름 부으소서! 오늘 이 시간 성령님과 함께 기도하는 ○○○의 가정과 가
족들, 만나는 사람과 거하는 처소 또한 이 가정을 위해 기도하는 나(주의
종)와 가정과 섬기는 교회와 성도들, 만나는 사람들과 거하는 처소를 십
자가 보혈과 성령의 권능과 하나님 말씀으로 덮습니다. 이 시간, 정사와
권세와 어둠의 세상 주관자들과 하늘에 있는 악한 영으로부터 지켜 보호
하여 주시옵소서!

성령님, 이 시간 어머니 뱃속에 들어가기 전부터 조상들이 우상과 미
신을 섬겼던 불순종의 저주로 인하여 ○○○의 생각, 마음, 지식, 감정,
의지와 기억에 들어가 뇌 신경에 부담을 주어 강박증과 틱 증세를 나타
나게 하고, 항상 마음에 죽음과 자살과 저주와 두려움과 우울증과 불안
과 공포를 줘서 ○○○의 공황장애와 주의력 결핍과 과잉행동 장애와 극
심한 대인 기피증을 가져다주는 더러운 귀신과 악한 영들을 성령의 불로
태워주시고 성령의 검으로 잘라주시고 십자가 보혈로 깨끗하게 씻어주

시옵소서!

내가 이 시간 나사렛 예수의 이름으로 명하노니 ○○○에게 들어가 틱장애와 공황장애와 주의력 결핍과 과잉행동 장애와 극심한 대인기피증을 가져다주는 더러운 귀신과 악한 영들아 지금부터 너희는 ○○○와 아무런 상관이 없다. ○○○의 조상과 우상이 맺었던 모든 계약과 약속은 예수의 이름으로 다 취소하며 선포한다. 이 시간 너희가 불법 점거하고 있던 ○○○는 하나님의 자녀로 명의 이전 됐으니 너희는 ○○○안에서 다 사라질지어다. 너희의 모든 결박을 풀고 다 떠나갈지어다.

내가 이 시간 ○○○의 뇌 신경과 뇌세포 속에 있는 전두엽에 들어가 망상장애를 주고 편도체 속에서 도파민의 생성을 오락가락하게 해서 우울증과 공황장애와 주의력 결핍과 과잉행동 장애를 주고 틱장애와 강박증과 결벽증, 과도한 흥분을 유도하는 이 악하고 더럽고 추악한 귀신을 십자가 보혈의 능력의 끈과 성령의 능력의 끈으로 묶어서 주님 발 앞에 던집니다. 성령님 받아주시고 지옥 불로 던져주시옵소서!

성령님, 감사합니다. ○○○에게서 그 악하고 더러운 우울증과 공황장애와 주의력 결핍과 과잉행동 장애를 주고 틱장애와 강박증과 결벽증, 과도한 흥분을 유도하는 악하고 더러운 귀신이 떠나간 빈자리를 십자가 보혈과 성령의 기름 부으심과 하나님 말씀으로 채워주시니 감사합니다. 내가 이 시간 나사렛 예수의 이름으로 십자가 보혈과 성령의 기름 부으심과 하나님 말씀으로 완벽하게 차단하며 선포하노니 ○○○는 하나님의 사람이다. 틱장애는 ○○○에게 다시는 들어가지 못할지어다.

"그가 찔림은 우리의 허물 때문이요 그가 상함은 우리의 죄악 때문이라 그가 징계를 받으므로 우리는 평화를 누리고 그가 채찍에 맞으므로 우리는 나음을 받았도다."(사 53:5) 말씀대로 틱장애가 다 치료되었음을 믿음으로 선포하며, 예수님의 이름으로 기도합니다. 아멘!

28. 자폐증

자폐증은 대체로 지적장애자에게서 흔하고, 경련성 질환도 꽤 높은 빈도로 동반한다. 신경전달물질인 도파민의 분비 감소로 인한 주의력 결핍과 도파민의 과다 분비로 편집증, 강박증과 과도한 흥분을 하는 증상을 쉽게 볼 수 있다.

성령님 인정하고, 환영하고, 모셔드리고, 의지하며 초청하오니 바람같이, 구름같이, 불같이, 생수같이 지금 이 자리에 오셔서 우리의 기도를 들어주시고, 우리를 대신하여 간구하여 주시고, 우리 위에 성령으로 기름 부으소서! 지금 성령님과 함께 기도하는 ○○○의 가정과 만나는 사람과 거하는 처소 또한 이 가정을 위해 기도하는 나(주의 종)와 가정과 섬기는 교회와 성도들, 만나는 사람들과 거하는 처소를 십자가 보혈과 성령의 권능과 하나님 말씀으로 덮습니다. 이 시간, 정사와 권세와 어둠의 세상 주관자들과 하늘에 있는 악한 영으로부터 지켜 보호하여 주시옵소서!

성령님 이 시간 어머니 뱃속에 들어가기 전부터 조상들이 우상과 미신을 섬겼던 불순종의 저주로 인하여 ○○○의 생각, 마음, 지식, 감정, 의지와 기억에 들어가 정신적으로 미약하게 하고, 인지 능력과 학습 능력과 지각 능력이 뒤떨어지게 하고, 경련성 질환을 가져다주는 악한 영과 측두엽에 들어가 환청과 환시로 죽음과 자살과 두려움과 공포에 떨게 하는 악하고 더러운 귀신아 지금부터 너희는 ○○○와 아무런 상관이 없다. ○○○의 조상과 우상이 맺었던 모든 계약과 약속을 예수의 이름으로 다 취소하며 선포한다. 이 시간 너희가 불법 점거하고 있던 ○○○는 하나님의 자녀로 명의 이전 됐으니 너희는 ○○○에게서 다 사라질지어다. 너희의 모든 결박을 풀고 다 떠나갈지어다.

내가 이 시간 ○○○의 뇌 신경에 있는 편도체 속에서 생성되는 신경 전달 물질인 도파민의 감소로 인한 주의력 결핍을 주고 행동장애를 유발하는 악한 영은 떠나갈지어다. 도파민의 과다 증가로 편집증, 강박증과 집착과 과도한 흥분을 일으켜 자폐증에 빠지게 하고 자신의 삶을 스스로 살아갈 수 없도록 묶고 있는 어둠의 영과 악한 영들과 저주와 더러운 귀신을 십자가 보혈의 능력의 끈과 성령의 능력의 끈으로 묶어서 주님 발 앞에 던집니다. 성령님 받아주시고 지옥 불로 던져주시옵소서!

성령님, 감사합니다. 지금 ○○○를 불법 점유하며 자폐증에 빠지게 했던 저주와 어둠과 악한 영들과 더러운 귀신들이 떠나간 자리를 십자가 보혈과 성령의 기름 부으심과 하나님 말씀으로 채워주시니 감사합니다. 내가 이 시간 나사렛 예수의 이름으로 십자가 보혈과 성령의 기름 부으심과 하나님 말씀으로 완벽하게 차단하며 선포하노니 ○○○는 하나님의 사람이다. 다시는 자폐증은 ○○○에게 들어가지 못할지어다.

"그가 찔림은 우리의 허물 때문이요 그가 상함은 우리의 죄악 때문이라 그가 징계를 받으므로 우리는 평화를 누리고 그가 채찍에 맞으므로 우리는 나음을 받았도다."(사 53:5) 말씀대로 자폐증이 다 치료되었음을 믿음으로 선포하며, 예수님의 이름으로 기도합니다. 아멘!

29. 정신착란(정신분열)

정신분열 환자들을 위해 기도하다 보면, 조상들이 우상과 미신을 섬겼던 불순종의 죄로 인한 경우가 많다. 정신질환이 잠재해 있다가, 어떤 영적 충격을 받아 순간적인 자살 충동과 함께 착란 증세가 일어나며 정신분열 현상이 나타난다.

> 그 여러 민족 중에서 네가 평안함을 얻지 못하며 네 발바닥이 쉴 곳도 얻지 못하고 여호와께서 거기에서 네 마음을 떨게 하고 눈을 쇠하게 하고 정신을 산란하게 하시리니 (신 28:65)

성령님 인정하고, 환영하고, 모셔드리고, 의지하며 초청하오니 바람같이, 구름같이, 불같이, 생수같이 지금 이 자리에 오셔서 우리의 기도를 들어주시고, 우리를 대신하여 간구하여 주시고, 우리 위에 성령으로 기름 부으소서! 오늘 이 시간 성령님과 함께 기도하는 ○○○의 가정, 만나는 사람과 거하는 처소 또한 이 가정을 위해 기도하는 나(주의 종)와 가정과 섬기는 교회와 성도들, 만나는 사람들과 거하는 처소를 십자가 보혈과 성령의 권능과 하나님 말씀으로 덮습니다. 이 시간, 정사와 권세와 어둠의 세상 주관자들과 하늘에 있는 악한 영으로부터 지켜 보호하여 주시옵소서!

성령님 이 시간 어머니 뱃속에 들어가기 전부터 조상들이 우상과 미신을 섬겼던 불순종의 저주로 인하여 ○○○의 생각, 마음, 지식, 감정, 의지와 기억에 들어가 극심한 두려움과 눈으로 보는 것으로 미쳐버리는 것과 죽음과 자살과 저주로 정신분열을 가져다주는 무당의 영과 점쟁이의 영은 떠나갈지어다! 각종 토속신과 조상신들을 가장해 들어온 악한 영들과 더러운 귀신들아! 지금부터 너희는 ○○○와 아무런 상관이 없다. ○○○의 조상과 우상이 맺었던 모든 계약과 약속은 예수의 이름으로 다 취소하며 선포한다. 이 시간 너희가 불법 점거하고 있던 ○○○는 하나님의 자녀로 명의 이전 됐으니 너희는 ○○○안에서 다 사라질지어다. 너희의 모든 결박을 풀고 다 떠나갈지어다.

내가 지금 ○○○의 생각, 마음, 지식, 감정, 의지와 기억에 들어가 눈으로 본 것을 통해 미쳐버리는 것과 죽음과 자살과 저주로 정신분열을 가져다주는 무당의 영과 점쟁이의 영과 각종 토속신과 조상신들을 가장해 들어온 악한 영들과 더러운 귀신을 십자가 보혈의 능력의 끈과 성령의 능력의 끈으로 묶어서 주님 발 앞에 던집니다. 성령님 받아주시고 지옥 불로 던져주시옵소서!

성령님, 감사합니다. 지금 ○○○에게서 떠나간 악한 영들과 더러운 귀신들이 ○○○에게서 떠나간 빈자리를 십자가 보혈과 성령의 기름 부으심과 하나님 말씀으로 채워주시니 감사합니다. 내가 이 시간 나사렛 예수의 이름으로 십자가 보혈과 성령의 기름 부으심과 하나님 말씀으로 완벽하게 차단하며 선포하노니 ○○○는 하나님의 사람이다. 다시는 들어가지 못할지어다.

"그가 찔림은 우리의 허물 때문이요 그가 상함은 우리의 죄악 때문이라 그가 징계를 받으므로 우리는 평화를 누리고 그가 채찍에 맞으므로 우리는 나음을 받았도다."(사 53:5) 말씀대로 ○ ○ ○는 정신분열에서 다 치료되었음을 믿음으로 선포하며, 예수님의 이름으로 기도합니다. 아멘!

30. 알코올 중독과 각종 중독

알코올 중독 치유를 위해 기도를 하다 보면 환자에게 강한 축사, 땀을 비 오듯이 심하게 흘리는 경우, 뜨겁다며 펄쩍펄쩍 뛰는 경우 등이 나타난 다. 치유를 위해서는 무엇보다 알코올 중독의 원인을 찾아내는 것이 완 치의 핵심이다.

성령님 인정하고, 환영하고, 모셔드리고, 의지하며 초청하오니 바람 같이, 구름같이, 불같이, 생수같이 지금 이 자리에 오셔서 우리의 기도를 들어주시고, 우리를 대신하여 간구하여 주시고, 우리 위에 성령으로 기 름 부으소서! 오늘 이 시간 성령님과 함께 기도하는 ○○○의 가정과 가 족들, 만나는 사람과 거하는 처소 또한 이 가정을 위해 기도하는 나(주의 종)와 가정과 섬기는 교회와 성도들, 만나는 사람들과 거하는 처소를 십 자가 보혈과 성령의 권능과 하나님 말씀으로 덮습니다. 이 시간, 정사와 권세와 어둠의 세상 주관자들과 하늘에 있는 악한 영으로부터 지켜 보호 하여 주시옵소서!

성령님 이 시간 어머니 뱃속에 들어가기 전부터 조상들이 우상과 미신 을 섬겼던 불순종의 저주로 인하여 ○○○의 생각, 마음, 지식, 감정, 의 지와 기억에 들어가 스스로 인생을 긍정적이고 창조적이고 진취적으로 삶을 살아가기보다 알코올을 의지해서 항상 마음에 죽음과 자살과 저주 와 두려움과 우울증과 불안과 공포에 떨며 화와 분노와 허무함과 외로움으로 인생을 자학하며 스스로 포기하게 하고 알코올을 의지하여 그 속에서 삶의 기쁨을 누리려 하지만 결국 중독에 빠져 헤어 나올 수 없도록 묶는 더럽고 추악한 알코올 귀신아! 너는 ○○○와 아무런 상관이 없다. ○○○는 하나님의 자녀로 ○○○의 조상과 우상이 맺었던 계약은 다 파기됐다. 모든 약속을 예수의 이름으로 취소한다. ○○○를 알코올 중독으로 만들어놓은 더러운 귀신은 ○○○에게서 떠나갈지어다. 내가 이 시간 나사렛 예수의 이름을 의지하고 ○○○의 생각, 마음, 지식, 감정, 의지와 기억에 들어가 ○○○가 하나님보다 알코올을 의지하게 하고 알코올 중독으로 스스로 인생을 포기하게 하고 항상 마음에 죽음과 자살과 저주와 두려움과 우울증과 불안과 공포에 떨며 화와 분노와 허무함과 외로움으로 인생을 자학하며 스스로 포기하게 하는 알코올 귀신을 십자가 보혈의 능력의 끈과 성령의 능력의 끈으로 묶어서 주님 발 앞에 던집니다. 성령님 받아주시고 지옥 불로 던져주시옵소서!

성령님, 감사합니다. 지금 ○○○에게서 떠나간 악하고 더러운 알코올 귀신이 ○○○에게서 떠나간 빈자리를 십자가 보혈과 성령의 기름과 하나님 말씀으로 채워주시니 감사합니다. 내가 이 시간 나사렛 예수의 이름으로 십자가 보혈과 성령의 기름 부으심과 하나님 말씀으로 완벽하게 차단하며 선포하노니 다시는 들어가지 못할지어다.

"그가 찔림은 우리의 허물 때문이요 그가 상함은 우리의 죄악 때문이라 그가 징계를 받으므로 우리는 평화를 누리고 그가 채찍에 맞으므로 우리는 나음을 받았도다."(사 53:5) 말씀대로 ○○○는 알코올 중독에서 완전히 해방되었음을 믿음으로 선포하며, 예수님의 이름으로 기도합니다. 아멘!

31. 동성애

동성애는 단지 악하고 더럽고 추한 귀신일 뿐이다. 기도를 시작하면 반드시 강력한 축사가 나타난다. 동성애 귀신을 내쫓을 때는 죽음의 영, 자살의 영, 저주의 영, 어두움의 영, 음란의 영, 더럽고 추하고 악한 영, 외로움의 영, 자포자기의 영, 거짓의 영, 포르노의 영, 폭력의 영, 혼돈의 영 등을 함께 쫓아내며 대처해야 한다.

성령님 인정하고, 환영하고, 모셔드리고, 의지하며 초청하오니 바람같이, 구름같이, 불같이, 생수같이 지금 이 자리에 오셔서 우리의 기도를 들어주시고, 우리를 대신하여 간구하여 주시고, 우리 위에 성령으로 기름 부으소서! 오늘 이 시간 성령님과 함께 기도하는 ㅇㅇㅇ의 가정과 가족들, 만나는 사람과 거하는 처소 또한 이 가정을 위해 기도하는 나(주의 종)와 가정과 섬기는 교회와 성도들, 만나는 사람들과 거하는 처소를 십자가 보혈과 성령의 권능과 하나님 말씀으로 덮습니다. 이 시간, 정사와 권세와 어둠의 세상 주관자들과 하늘에 있는 악한 영으로부터 지켜 보호하여 주시옵소서!

성령님 이 시간 어머니 뱃속에 들어가기 전부터 조상들이 우상과 미신을 섬겼던 불순종의 저주로 인하여 ㅇㅇㅇ의 생각, 마음, 지식, 감정, 의지와 기억과 말초신경에 들어가 ㅇㅇㅇ 자신의 인생을 스스로 어찌할 수 없도록 황폐하게 만들고 예수님을 부인하며 하나님 말씀을 받아들일 수 없도록 가로막고 방해하여 스스로 죽음과 저주에 빠지게 하는 동성애의 영을 주님 앞에 올려드립니다. 이 시간 동성애 영으로 ㅇㅇㅇ에게 들어가 죽음과 자살과 저주와 두려움과 공포 어두움과 음란, 파괴, 폭력, 거짓과 영혼을 도적질하는 더러운 귀신과 공중의 권세 잡은 사탄아 너희들은 ㅇㅇㅇ에게서 모든 활동을 중단하고 성령의 불을 받을지어다! Fire! Fire! Fire! 나사렛 예수의 이름으로 ㅇㅇㅇ의 조상과 우상이 맺었던 언약을 모두 취소한다. 이제부터 너희와 ㅇㅇㅇ는 아무런 상관이 없다. 성령님 이 시간 ㅇㅇㅇ에게 지금까지 들어가 활동하던 동성애 귀신을 십자가 보혈과 성령의 능력의 끈으로 묶어서 주님 발 앞에 던집니다. 받아주셔서 저 지옥 불로 던져주시옵소서!

성령님, 감사합니다. 악하고 더러운 동성애 영으로 ㅇㅇㅇ에게 들어가 영혼을 도적질하는 더러운 귀신과 공중의 권세 잡은 사탄이 떠나간 자리를 십자가 보혈과 성령의 기름 부으심과 하나님 말씀으로 채워주시니 감사합니다. 내가 이 시간 나사렛 예수의 이름으로 십자가 보혈과 성령의 기름 부으심과 하나님 말씀으로 완벽하게 차단하며 선포하노니 동성애 영은 ㅇㅇㅇ에게 다시는 들어가지 못할지어다!

"그가 찔림은 우리의 허물 때문이요 그가 상함은 우리의 죄악 때문이라 그가 징계를 받으므로 우리는 평화를 누리고 그가 채찍에 맞으므로 우리는 나음을 받았도다."(사 53:5) 말씀대로 ㅇㅇㅇ는 동성애에서 완전히 해방되었음을 믿음으로 선포하며, 예수님의 이름으로 기도합니다. 아멘!

32. 조울증

여성 조울증 환자 치유사역만큼 힘든 사역이 없다. 내가 상담한 여성 조울증 환자는 대부분 6살에서 12살 사이에 성추행(성폭행)을 당한 충격으로 부터 병이 시작되었다. 환자가 성추행, 성폭행을 당한 이후 병원에서 조울증 진단을 받고 사춘기에 들어가기 전까지는 별 탈 없이 지내는 것 같다가도 사춘기 때 정신적 충격을 받으면 스스로 목숨을 끊거나, 분노 조절 장애, 폭력과 자해, 불면증 등이 시작된다. 성인 환자들은 다시 사춘기에 접어들기도 한다. 그래서 기도 받은 후 정신과에 가보면, 어릴 때 받았던 충격으로 인해 그 나이대에 정신연령이 멈췄다는 진단을 받는다. 상담자는 기도 이후부터 상담과 치유의 시작임을 명심해야 한다. 조울증 치유사역은 사명감, 헌신, 사랑 없이는 불가능하다.

성령님 인정하고, 환영하고, 모셔드리고, 의지하며 초청하오니 바람같이, 구름같이, 불같이, 생수같이 지금 이 자리에 오셔서 우리의 기도를 들어주시고, 우리를 대신하여 간구하여 주시고, 우리 위에 성령으로 기름 부으소서! 오늘 이 시간 성령님과 함께 기도하는 ㅇㅇㅇ의 가정과 가족들, 만나는 사람과 거하는 처소 또한 이 가정을 위해 기도하는 나(주의 종)와 가정과 섬기는 교회와 성도들, 만나는 사람들과 거하는 처소를 십자가 보혈과 성령의 권능과 하나님 말씀으로 덮습니다. 이 시간, 정사와 권세와 어둠의 세상 주관자들과 하늘에 있는 악한 영으로부터 지켜 보호하여 주시옵소서!

성령님, 지금 주님 앞에 올려드리는 ○○○를 긍휼히 여기셔서 그의 생각, 마음, 지식, 감정, 의지와 기억과 말초신경에 들어가 ○○○ 자신의 인생을 황폐하게 만들고 늘 죽음과 자살을 생각하게 하고 자포자기하게 하는 두려움과 공포를 잊게 하옵소서. 그리고 성폭행으로 인한 살인과 폭력의 영, 화와 분노 증오심과 미움이 담겨있는 ○○○의 생각, 마음, 지식, 감정, 의지와 기억과 말초신경과 변연계의 해마 속에서 상처와 쓴 뿌리와 나쁜 기억들로 미칠 것 같은 생각에 빠지게 하는 세상 주관자들과 악한 영으로부터 건져주시고 마음과 생각과 감정이 자유함을 얻도록 도와주시옵소서!

내가 이 시간 나사렛 예수의 이름으로 명하노니 ○○○의 머리끝부터 발끝까지 오장육부 세포 혈관 뇌 신경 뇌세포와 생각, 마음, 지식, 감정, 의지와 기억 말초신경까지 쥐고서 늘 죽음과 자살을 생각하게 하고 자포자기하게 하는 두려움과 공포, 성폭행으로 인한 살인과 폭력의 영은 떠나갈지어다. 화와 분노와 증오심, 미움, 무기력증은 떠나갈지어다. 또한 전두엽에 들어가 끝없이 눈앞에서 상처의 현장을 보이게 하는 피해망상증과 중심열에서 꿈을 빼앗아가 버린 더러운 사탄은 떠나갈지어다. 측두엽과 관자엽을 통해 뜬금없이 환청을 들려줘서 두려움과 공포에 떨게 하는 악한 영들은 떠나갈지어다. 담창구에서 끊임없이 감정을 오락가락하게 하고 편도체 속에서 도파민의 생성을 수시로 바꿔서 정신을 산란케 하는 영은 떠나갈지어다.

과도한 심적 흥분을 주고 시상하부 속에서 세로토닌의 생성을 감소 시켜 불면증을 가져다주며 공황장애로 인해 울렁증, 질식감, 현기증, 땀,

불안 공포 장애를 가져다주는 더러운 귀신을 ○○○의 뇌 신경 뇌세포와 생각, 마음, 지식, 감정, 의지와 기억 말초신경 속에서 성령의 능력의 끈과 보혈의 능력의 끈으로 모두 묶어서 성령의 박스에 담습니다. 이 시간 그 이외에도 남아 있는 모든 악한 영들과 더러운 귀신들은 예수님의 이름으로 명하노니 모두 성령의 박스 안으로 다 들어가! 들어갈지어다! 이 시간 성령의 뚜껑으로 성령의 박스를 닫고 성령의 능력의 끈과 보혈의 능력의 끈으로 모두 묶어서 나사렛 예수의 이름으로 예수님 발 앞에 던집니다. 주님 받아주시고 저 지옥 불로 던져주시옵소서!

성령님, 감사합니다. 이 시간 ○○○에게 조울증을 가져다준 악하고 더러운 귀신들이 떠나간 그 자리에 십자가의 보혈과 성령의 권능과 하나님 말씀을 채워주시니 감사합니다. 나사렛 예수의 이름으로 십자가의 보혈과 성령의 권능과 하나님 말씀으로 ○○○를 조울증으로 묶었던 악하고 더러운 영들이 떠나간 자리를 완벽하게 차단하며 선포한다. ○○○는 하나님의 자녀다. 너희와는 아무런 상관이 없다! 다시는 들어가지 못하고 근처에도 접근하지 못할지어다!

"그가 찔림은 우리의 허물 때문이요 그가 상함은 우리의 죄악 때문이라 그가 징계를 받으므로 우리는 평화를 누리고 그가 채찍에 맞으므로 우리는 나음을 받았도다."(사 53:5) 말씀대로 ○○○의 조울증은 다 사라지고 깨끗하게 나았음을 선포한다. 성령님, 감사합니다. 예수님 이름으로 기도합니다. 아멘!

33. 중풍, 뇌졸중, 뇌출혈

신명기 28장 35절의 "여호와께서 네 무릎과 다리를 쳐서 고치지 못할 심한 종기로 발하게 하여 발바닥으로 정수리까지 이르게 하시리라"라는 말씀을 묵상하고 기도하라.

성령님 인정하고, 환영하고, 모셔드리고, 의지하며 초청하오니 바람같이, 구름같이, 불같이, 생수같이 지금 이 자리에 오셔서 우리의 기도를 들어주시고, 우리를 대신하여 간구하여 주시고, 우리 위에 성령으로 기름 부으소서! 오늘 이 시간 성령님과 함께 기도하는 ○○○의 가정과 가족들, 만나는 사람과 거하는 처소 또한 이 가정을 위해 기도하는 나(주의종)와 가정과 섬기는 교회와 성도들, 만나는 사람들과 거하는 처소를 십자가 보혈과 성령의 권능과 하나님 말씀으로 덮습니다. 이 시간, 정사와 권세와 어둠의 세상 주관자들과 하늘에 있는 악한 영으로부터 지켜 보호하여 주시옵소서!

성령님 이 시간 ○○○를 주님 앞에 올려드립니다. 불쌍히 여기시고 긍휼히 여겨주시옵소서. 내가 지금 ○○○의 조상들이 우상과 언약을 맺은 약속들을 나사렛 예수의 이름으로 취소한다. 불순종의 저주로 인한 죽음의 영, 자살의 영, 저주의 영과 두려움과 불안, 공포, 화와 분노, 미움과 증오심, 미움은 떠나갈지어다. 네 무릎과 다리를 쳐서 고치지 못할 심한 종기로 발하게 하여 발바닥으로 정수리까지 이르게 하시리라 하신 말씀대로 중풍(뇌졸중, 뇌출혈)으로 반신마비와 언어장애를 가져다준 악한 영들과 더러운 귀신은 떠나갈지어다. ○○○의 생각, 마음, 지식, 감정, 의지와 기억 속에서 십자가 보혈의 능력의 끈과 성령의 능력의 끈으로 묶어서 주님 발 앞에 던집니다. 성령님 받아주시고 지옥 불로 던져주시옵소서!

성령님, 감사합니다. 그 빈자리를 십자가 보혈과 성령의 기름 부으심과 하나님의 말씀으로 채워주시니 감사합니다. 내가 이 시간 나사렛 예수의 이름으로 ○○○에게서 중풍(뇌졸중, 뇌출혈)이 떠나간 그 자리를 십자가 보혈과 성령의 기름 부으심과 하나님의 말씀으로 차단하며 선포한다. 다시는 들어가지 못할지어다! 중풍(뇌졸중, 뇌출혈)은 흔적도 없이 사라질지어다! 내가 이 시간 나사렛 예수의 이름으로 명하노니 지금 ○○○의 뇌혈관에 꽈리를 만들어 뇌출혈(중풍, 뇌졸중)을 일으키게 한 악한 영들과 더러운 귀신은 묶음을 놓고 떠나갈지어다! ○○○에게서 중풍병(뇌졸증, 뇌출혈)의 결박을 풀고 떠나갈지어다!

여호와 라파 되시는 치료의 하나님! 이 시간 ○○○의 뇌혈관 뇌 신경 뇌세포 속을 십자가 보혈과 성령의 기름 부으심으로 부으시고 채워주시고 하나님 말씀으로 채워주셔서 모든 죄와 허물을 사하시고 상처와 쓴 뿌리와 화와 분노와 저주와 질병으로부터 자유함을 얻도록 인도하여 주시니 감사합니다. "그가 찔림은 우리의 허물 때문이요 그가 상함은 우리의 죄악 때문이라 그가 징계를 받으므로 우리는 평화를 누리고 그가 채찍에 맞으므로 우리는 나음을 받았도다."(사 53:5) 말씀대로 ○○○의 중풍병(뇌졸증, 뇌출혈)은 다 사라지고 깨끗하게 나았음을 선포한다. 성령님, 감사합니다. 예수님 이름으로 기도합니다. 아멘!

34. 파킨슨병

> 파킨슨병은 무엇보다 환자의 마음과 정신적 상태를 긍정적이고, 진취적이며, 감사와 찬양이 넘치는 상태로 만들어줘야 한다. 그리고 파킨슨병 환자를 위해 기도하다 보면 축사가 종종 나타나는 것을 볼 수가 있다. 그러므로 사역자는 기도할 때 환자의 상태에 집중해야 한다.
>
> 여호와께서 네 무릎과 다리를 쳐서 고치지 못할 심한 종기를 생기게 하여 발바닥에서부터 정수리까지 이르게 하시리라 (신 28:35)

성령님 인정하고, 환영하고, 모셔드리고, 의지하며 초청하오니 바람같이, 구름같이, 불같이, 생수같이 지금 이 자리에 오셔서 우리의 기도를 들어주시고, 우리를 대신하여 간구하여 주시고, 우리 위에 성령으로 기름 부으소서! 오늘 이 시간 성령님과 함께 기도하는 ○○○의 가정과 가족들, 만나는 사람과 거하는 처소 또한 이 가정을 위해 기도하는 나(주의 종)와 가정과 섬기는 교회와 성도들, 만나는 사람들과 거하는 처소를 십자가 보혈과 성령의 권능과 하나님 말씀으로 덮습니다. 이 시간, 정사와 권세와 어둠의 세상 주관자들과 하늘에 있는 악한 영으로부터 지켜 보호하여 주시옵소서!

성령님 이 시간 ○○○를 주님 앞에 올려드립니다. 불쌍히 여기시고 긍휼히 여겨주시옵소서. 현대의학으로는 치료할 수 없는 병이라고 판정된 파킨슨병입니다. 우리의 창조주가 되시는 주님만은 이 병의 근원을 아시지요. 그래서 오늘 주님만이 불치병으로 판정된 파킨슨병을 치료하실 줄 믿고 성령님께 맡깁니다. 성령님 지금 ○○○의 생각, 마음, 지식, 감정, 의지와 기억 말초신경까지 바람같이, 구름같이, 불같이, 생수같이 들어가셔서 파킨슨병의 가장 큰 원인인 부정적이고 파괴적인 생각과 원망과 불평, 지나간 일에 목숨 거는 과거지향적 집착의 영과 강박증, 일방적인 생각에 빠져 꼬리에 꼬리를 물고 스스로 학대하고 화와 분노로 가득 찬 마음을 정결케 하여 주옵소서.

조상들이 우상과 미신을 많이 섬겼던 불순종의 저주로 인하여 네 무릎과 다리를 쳐서 고치지 못할 심한 종기가 발바닥부터 정수리까지 이르게 하신다는 말씀으로 인한 저주의 병은 떠나갈지어다. 또한, 죽음의 영, 자살의 영, 두려움과 부정적인 생각과 피해망상과 결벽증, 집착과 강박증을 가져다주는 악한 영들과 더러운 귀신들을 십자가 보혈의 능력의 끈과 성령의 능력의 끈으로 묶어서 주님 발 앞에 던집니다. 성령님 받아주시고 지옥 불로 던져주시옵소서!

성령님, 감사합니다. 그 빈자리를 십자가 보혈과 성령의 기름 부으심과 하나님의 말씀으로 채워주시니 감사합니다. 이 시간 ○○○의 생각, 마음, 지식, 감정, 의지와 기억, 머리끝부터 발끝까지 십자가 보혈과 성령과 하나님 말씀으로 완벽하게 차단하며 선포하노니 지금까지 ○○○를 저주하며 파킨슨으로 괴롭히던 악한 영들과 더러운 귀신들은 ○○○에게 다시는 들어가지 못할지어다!

성령님 이 시간 초청하며 다시 기도합니다. 내가 나사렛 예수의 이름으로 명하노니 ○○○의 편도체 속에서 신경전달물질인 도파민은 정상으로 생성될지어다! 도파민의 정상적인 생성으로 파킨슨병으로 인한 손 떨림과 걸음걸이가 짧아진 것과 기억의 상실과 우울증은 사라질지어다! 그리고 시상하부에서 감각전달물질인 세로토닌은 정상으로 생성될지어다! 도파민과 세로토닌의 정상적인 생성으로 정서장애와 두려움과 불안 공포는 사라질지어다! 중뇌에 들어가 운동 기능과 근육 기능이 살아나고 파킨슨과 우울증의 요인들은 다 사라질지어다! 후뇌 속에서 운동 신경은 살아날지어다! 변연계 안 해마 속에 지금까지 뿌리내리고 기억을 쥐고 있던 상처와 부정적인 생각들을 십자가 보혈의 능력의 끈과 성령의 능력의 끈으로 묶어 주님 발 앞에 던집니다. 성령님 받아주시고 지옥 불로 던져주시옵소서!

　성령님, 감사합니다. 그 빈자리를 십자가 보혈과 성령의 기름 부으심과 하나님의 말씀으로 채워주시니 감사합니다. 그리고 전두엽에 끊임없이 부정적인 생각을 품게 하는 피해망상은 이 시간 ○○○의 생각, 마음, 지식, 감정, 의지와 기억 속에서 하나도 남김없이 다 사라질지어다! 성령님, 감사합니다. 파킨슨에서 자유함을 얻게 하니 감사합니다. 말씀으로 깨끗하게 치료하여 주시옵소서!

　"그가 찔림은 우리의 허물 때문이요 그가 상함은 우리의 죄악 때문이라 그가 징계를 받으므로 우리는 평화를 누리고 그가 채찍에 맞으므로 우리는 나음을 받았도다."(사 53:5) 말씀대로 ○○○의 파킨슨은 다 사라지고 깨끗하게 나았음을 선포한다. 성령님, 감사합니다. 예수님 이름으로 기도합니다. 아멘!

뿌리를
찾아
캐내라

초판 1쇄 발행   2021년 3월 2일
초판 7쇄 발행   2024년 5월 10일

지은이   김석재

발행인   이영훈
편집인   김영석
편집자문   신성준
편집장   김미현
기획·편집   김나예
제작·마케팅   박기범
디자인   김한희

펴낸곳   교회성장연구소
등 록   제 12–177호
주 소   서울특별시 영등포구 은행로 59, 4층
전 화   02-2036-7936(편집팀)
팩 스   02-2036-7910
홈페이지   **www.pastor21.net**
쇼핑몰   **www.icgbooks.net**

ISBN | 978-89-8304-306-1 03230

"무슨 일을 하든지 마음을 다하여 주께 하듯 하라"(골 3:23)

교회성장연구소는 한국 모든 교회가 건강한 교회성장을 이루어 하나님 나라에 영광을 돌
리는 일꾼으로 성장하는 것을 목표로, 목회자의 사역은 물론 성도들의 영적 성장을 도울
수 있는 씰독서들을 출간하고 있다. 주를 섬기는 사명감을 바탕으로 모든 사역의 시작과
끝을 기도로 임하며 사람 중심이 아닌 하나님 중심으로 경영한다. "무슨 일을 하든지 마
음을 다하여 주께 하듯 하라"는 말씀을 늘 마음에 새겨 하나님께서 주신 사명을 기쁨으
로 감당한다.